JN224486

人生がきらめく

スモールフィットメント片づけ

ペン１本から始める
部屋と心が整う習慣

整理収納アドバイザー
阿部静子
Abe Shizuko

アルソス

まえがき ——「いっぺんに片づけない」から誰にでもできる！

はじめまして。私は整理収納アドバイザーの阿部静子と申します。

以前は片づけが苦手で、散らかった部屋でストレスを感じて暮らしていました。

「ものがたくさんあると落ち着かない」

「片づけられない自分はだらしがない」

散らかった部屋と自分に、うんざりしていました。

片づけの本もたくさん読みました。でも「なるほど」「そうだよな」と思うだけで、
実際に片づけるまでに至らないのです。

「どこから手をつけていいかわからない」

「一気に片づけないといけない」

今思うと、片づけを難しく考えていたのです。


そんな私も散らかった部屋を前に、「いい加減何とかしなくては！」と意を決し、

「整理収納アドバイザー2級」を取得し、基礎を学びました。

もともと面倒くさがりのため、「とにかくラクに楽しく片づけたい！」と自分なりに試行錯誤して生まれたのが、今回本書でご紹介する「スモールフィット片づけ」です。

この後の章でその経緯は詳しくお話しいたしますが、散かっていた部屋が嘘のようにどんどん片づくと、日々感じていた「片づけなきゃ」というストレスがなくなり、毎日イライラすることが多かったのが、穏やかに暮らせるようになったのです。

さらに、夫や娘も片づけられるようになったことに驚きました。

散かっているときは、「片づけたい」と目先のことしか考えられなかったのに、「こんな効果があるなんて、片づけはすごい！」と思いました。

その後49歳のとき、体調不良になり、長年やっていたフリーアナウンサーの仕事を休まなければいけなくなったのです。

そこで、片づけのプロ資格となる「整理収納アドバイザー1級」の資格を取り、体調を見ながら片づけのプロとして活動を始めることにしました。

地元で片づけ講座を開催すると、以前の私と同じように、散かっていることでストレスを感じている方がとても多いことを知りました。

女性も男性も、20代でも80代でも、まさにどの年代でも、「今まで片づけようとしたけれど、うまくいかなかった」という方がほとんどです。

そんな片づけに失敗してきた参加者さんが、私の講座を通じてワクワクと実践してくださり、その後、

「片づけが楽しいと思えたのは初めてです」
「片づいて趣味が楽しめるようになりました」
「片づけられて自信が持てるようになりました」

と多くの方が、キラキラしたお顔でおっしゃってくれるのです。

現在、「スモールフィット片づけ」は、多くの参加者さんの成功事例から、どんどんブラッシュアップして、よりラクに片づくようになっています。

キーワードは、

「いっぺんに片づけない」

です。ね、とってもカンタンでラクそうでしょう？

いっぺんに、完璧に片づけようとせず、

「ちょっと片づけばいい」

「一カ所片づけばいい」

そんな気持ちで本書を読んで実践してみてください。

1回1分で小さく始めるスモールフィット片づけだからこそ、知らず知らずどんどん片づいて、部屋がきれいになっていきます。


「私にもできそう♡」

そう思えたあなたは、すっきりした生活への一歩をスタートしていますよ。

私と一緒に片づけを通して、「きらめく人生」を手に入れてください。

2025年3月吉日

阿《あ》部《べ》静《しず》子《こ》

人生がきらめくスモールフィット片づけ　目次

第1章　あなたは、どんな暮らし方、生き方をしたいですか

第2章 初心者は「シンデレラフィット」では片づけられない！

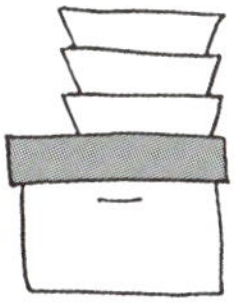

第3章　1回たった1分で、片づけ習慣が身につく

第4章 場所別片づけのポイント

第5章　【体験談】スッキリした住まいで、人生がきらめきだす！

第1章　あなたは、どんな暮らし方、生き方をしたいですか

部屋を片づけたら、自分のやりたいことが見つかった！

もともと片づけがとても苦手だった私は、当時、部屋と同じように頭の中もごちゃごちゃで、部屋を片づけられない自分にとてもストレスを感じ、自己肯定感がだだ下がりでした。

そんな私が現在、片づけ講座やセミナーの講師をしていることに自分でも驚いてしまいますが、私の講座にいらっしゃる多くの人が、

「片づけられなくて自分がイヤ」
「週末片づけで終わって何も楽しめない」
「毎日探しものをしてイライラする」

と、それぞれのお悩みをお話ししてくださいます。

みなさん、「片づけ」と聞くと、「不要なものを捨てる」「散らかっている部屋を片づける」といったように、「ものを片づける」ということを真っ先に思い浮かべます。

でも本当は、**部屋を片づけることは、「自分の暮らし方、生き方が見えてくる」**のです。

なぜ、部屋を片づけることは「自分の暮らし方、生き方が見えてくる」のでしょうか。

私は、片づけ講座の最初に、

「片づいた空間でどんな暮らしをしたいですか？」

「片づいたら何をしてみたいですか？」

ということを考えてもらいます。

すると、みなさん「そんなことは考えたことがない」という表情を浮かべます。

そこで、これまでの体験者さんたちの声をご紹介します。たとえば、

「片づいたら家に人を招きたい」

「趣味のフラワーアレンジの作品が映えるような部屋にしたい」

「家族団らんを楽しみたい」

などです。

すると、急にイメージがわくのでしょう、目をキラキラさせて、部屋を片づけ

た先に描く、思い思いの暮らし方や生き方を話してくださるのです。

「床を片づけてヨガマットを敷いてヨガをしたい」

「本当はインテリアが好きなんです。思いっきりセンスの良い部屋にしたい」

「資格を取って新しいことに挑戦したい」

など、具体的な暮らし方や、なりたい自分のイメージがどんどん出てきます。

「自分は、本当はこんなことがしたかったんだ！」

「これまで、片づいていないからできないと、自分の本当の心にフタをしていた」

とハッとする人もいます。


目標が決まると、理想の暮らしを思い浮かべてワクワクするので、ますます片づけを頑張る気持ちになるんですね。

なので私は、「ただ単に何も考えずにものを片づけるのではなく、自分の思い描く理想の暮らし方や生き方をイメージして片づけることが大事」だと考えています。

私の片づけ講座に来る人は、初日に思い悩んだ表情で教室に入ってくることが多いのですが、1回目の講座が終わるころには、すっきりした表情で教室を後に

部屋が片づいたら

部屋が片づくと、未来の生活やなりたい自分の姿が見えてくる

します。

その後、思い悩んだ表情だった人が、「自分の思い描く理想の暮らし方や生き方をイメージして片づける方法」を学んでいくうちに、部屋もすっきりと片づき、自分の理想の暮らし方も叶い、幸せな人生を送れるようになります。

私はこれまで、そんな人をたくさん見てきました。その秘訣や方法は、後の章で詳しくお話ししますね。


そんな片づけ上手さんになった一人が、「ものにも人にも執着がなくなった」と話していたのがとても印象的です。この話は、共感する人がとても多いのです。

片づけが苦手だった私でもできたのですから、あなたも実践すれば絶対できます！

一緒に理想の部屋に仕上げましょう。

アナウンサーになって、いきなり服が増えた

私は、昔は片づけが苦手だったとお話ししましたが、ここでちょっと当時の私自身のことをお話ししたいと思います。

私は「接客」「旅行」に興味があり、高校卒業後旅行関係の専門学校に進み、その後、ホテルのフロント勤務、旅行会社で添乗員、航空会社で地上勤務を経験しました。

人と話をするのが好きだったこともあり、24歳のとき、一念発起してオーディションを受け、地元テレビ局のキャンペーンガールを１年間務め、その後フリーアナウンサーになりました。

片づけが苦手だった私は、ものを押し入れにとりあえず突っ込むというやり方。

とはいえフリーアナウンサーになる前は、それほどものが多いわけでなく、実家暮らしの６畳の自分の部屋の管理だけでしたので、散らかっているもののあまり気にはなりませんでした。

そんな私がフリーアナウンサーになると、一気に服が増えていきました。仕事の種類によっていろいろな服が必要になります。

司会の仕事にはスーツで、内容によって落ち着いた色、明るめの色が必要なのでそれぞれ揃えます。リポーターの仕事もしていたので、毎日の番組で数が必要になります。コートもかなりの枚数を持っていました。


確かに必要とはいえ、それを言い訳に服をどんどん増やしていきました。周囲からも、「仕事柄服がたくさん必要だよね」と言ってもらうことも多く、誰にも止められないのをいいことに、どんどん増やしていったのです。

そして、生来の片づけ下手なために、きちんと整理ができていなかったので、買った服をどこにしまったかもわからないような状態でした。


実家暮らしのときは、6畳の自分の部屋になんとか納まっていましたが、結婚し、初めて実家を出て新居のマンションに越すと、「衣裳部屋」という名の部屋を設けました。

当時はかっこいい響きに感じていましたが、実際は管理がなにもできていない、ただの「物置」でした。

にもかかわらず、「着る服がない」と言って、また新しい服を買うの繰り返し。商品のタグがついたままの服もあり、まったく着ていない服も多数ありました。

結婚後は、片づけ下手にさらに拍車がかかる

こんな状況ですから、「あの服はどこ？」と探すのは日常茶飯事。イライラするよりも、そのたび「なんてだらしないんだろう……」と自己肯定感が下がります。「笑顔でテレビに映っている自分は、じつはこんなにだらしないなんて……」と勝手にテレビとのギャップに自己嫌悪を感じていました。

結婚後は、新居ということも手伝い、インテリア、キッチンまわりのものも増えていきました。

休みの日はショッピング、さらに取材でさまざまなお店に行くと、必ず何かを買って帰りました。当時は、「せっかく行ったのだから、何か買わないとソン、もっ

たいない」と思っていたのです。

また、せっかく素敵な飾り物を買っても、ぎゅうぎゅうの棚に置き、ほこりをかぶってしまう状況です。

食器はどんどん増え、使っていないものも多数。キッチンの調理台は買ったものに占領され、料理をするスペースも少ししかない、そんな状況でした。


子どもが生まれ、成長するにしたがい、おもちゃをはじめ、子ども関連のものも増えていきました。

「どんなふうに片づけるといいんだろう？」

子どもに片づけを教えようにも、自分が片づけられないからわかりません。

「他の人の子どもは上手に片づけられているのに、自分の子どもはできない。きっと私が片づけられないからなんだ……」

と落ち込みました。

服ももの探し物が多く、毎日何かを探す日々。

「ああ、自分はなんてだらしないんだろう」

そう思いながら、散らかった部屋が目に飛び込み、これがまたどっと疲れます。

そして常に「片づけなきゃ」というストレスに苛まれる。

「それを抜け出したい！　なんとかしたい！」

心底そう思うようになったのです。

「ホテルのような部屋にしたい！」

娘が幼稚園に入園すると、少し自分の時間を持てるようになりました。

とはいえ、家が片づいていないと、

「新しいことを始めようかな……」

と思っても、

「まずは片づけが先でしょ」

という思いが浮かび、

「でも自分は片づけられない……」

と落ち込み、自分に嫌気がさす日々でした。

そんな自分を変えたいと、片づけの本を読み始め、片づけたいところを紙に書き出してみました。ここを片づけよう、あそこを片づけよう、とても楽しい時間で、ワクワクして満たされるその時間が大好きでした。

しかしながら、まったく片づきませんでした。なぜなら、片づけたいところを書き出したあと、実行に移さなかったからです。書いたことで満足してしまっていたのです。そんな当たり前のことに気づくまで半年もかかりました。

「よし！　片づけよう！」

ようやくそう決断したとき、

「ホテルのような部屋にしたい！」

と思ったのです。

以前、旅行会社に勤め、個人的にも旅行が好きで、安いサイトを見つけてヨーロッパなど世界各地を旅していました。ホテルに泊まるといつも思ったのが、「ああ、落ち着く！」ということ。

「そうだ！　ホテルのようなすっきりした、ものが少ない落ち着く空間を目指そ

う」

と決めました。

目標が定まると、見方が変わります。

「ホテルの部屋の床にはものが置いてない」

「テーブルの上には余計なものが置いてない」

など、ホテルの部屋をイメージしながら、不要なものを捨てていきました。

すると、みるみる家の中がスッキリ。ホテルのような部屋に近づいているではありませんか！

「ああ、落ち着く！」

私は嬉しくなり、毎日、

「今日はどこを片づけよう。何を捨てよう」

と考えるのが楽しくなったのです。

するとだんだんと探しものも減り、「だらしがない自分」と思うことがなくなり、自分に自信もついてきました。

それに、いつも思っていた「片づけなきゃ」というストレスからもサヨナラできたのです。

片づけは、災害のときも力になる！

そんなとき、リポーターの仕事の取材で、整理収納アドバイザーの方のお宅に伺う機会がありました。

とてもワクワクして伺うと、ダイニングには、紙類がすぐに取り出せるような書類入れがあり、リビングのテーブルの上には何も置いていません。押し入れの中は、衣装用品の中にキレイに収められた衣類が入っていて、しかもまだ余裕があり、掃除用品がすぐに取り出せるよう収納されていました。

どれもこれも私は衝撃を受けました。

「今私がやっている『捨てる』という行為のその先には、『使いやすい収納』が重要なんだ！」と気づきました。

「今度はしっかり基礎を学ぼう」と、すぐに「整理収納アドバイザー2級」の講座を受講して資格を取得。家はさらに片づき、使い勝手もよくなっていきました。

資格を取得し１カ月経ったころ、東日本大震災が発生。住まいの仙台は震度６弱。玄関に置いていた鏡が割れて飛び散り、食器も半分以上割れ、廊下の物入からも、押し入れの中からも、ものが飛び出し、タンスもテレビも洗濯機も倒れました。

無事で何よりでしたが、大変な惨状で途方にくれました。夫は出張中だったため、一人で片づけなければならず、その後も余震があり、停電が続き、明るい時間しか片づけられません。

そんな状況でしたが、ものを減らし定位置を決めていたので、１日数時間の片づけでも３日間で元に戻すことができました。同じマンションの住人にとても驚かれるほどでした。

「片づけは、災害のときも力になる！」と初めて知り、「片づけってすごい」と、とても驚いたのです。

収納用品を買う前に、「不要なものを手放すこと」が大事

私は、災害のときに片づけが力を発揮してくれることを身をもって知ったわけですが、そこに至るまでは、ものにあふれ、散らかった部屋に住んでいたのです。あるとき、**「このままでは絶対ダメ！」と一念発起し、「ホテルのような部屋にしたい！」と目標を立て、整理収納の基本を学び、ものを減らしていたからこそ被害を最小限に抑えられた**のです。

それまでの私は、ここを片づけようと思うだけだったり、まずは「収納用品」を買うことをしていました。

本の中で紹介されていた、きれいに整った部屋で使われている収納用品を見て、「これを使うときっと片づく！」と思ったからです。私は早速同じものや似たようなものを買い、大、中、小取り揃えました。

しかし、いざ収納すると、なんだかしっくりきません。ときには入らないこともあります。「それではこれはどうかな？」とどんどん収納用品が増えていきま

した。

それに加え、お店で「かわいい！」と目についたカラフルな収納用品を衝動買いすることもあり、家に置いてみると、明らかに部屋の中がちぐはぐになります。「何かに使えそう」と思って買った用品も、結局何にも使えません。そうこうするうちに、家の中に収納用品ばかりがどんどん増えていきました。

その後、部屋の中にあふれていた不要な収納用品を見ていて、はたと気づきました。

「ものを買うより先に、ものを減らすことが大事だ！」

それからは、不要なものをどんどん捨てるようになりました。

ものがたくさんあれば、収納用品に入れるのが大変です。ああでもない、こうでもないと時間ばかりがかかります。

でも、ものが少なければ収納の手間が省けます。１００個のものより、10個のものを収めるほうがラクなのです。当たり前のことですよね。

そんな経験があるので、講師となった今、講座の始めに、「部屋を片づけたければ、収納用品を先に買わないで」とお話しします。

すると多くの人が苦笑いをします。以前の私と同じように、先に収納用品を買って、「これを買えば片づくはず」と思うのです。

結果として、「自分の家には合わなかった」「結局ものだけが増えた」となったのです。以前の私とまったく一緒ですね。

特に今は、片づけ方法を紹介するYouTubeなどで収納用品を目にする機会が多いですから、「収納用品を先に買ってはいけないというのは、目からウロコでした」とおっしゃる方も少なくありません。

不要なものを手放した方からは、

「タンスが一段空きました！」

「衣装ケースが不要になりました！」

と弾んだ声が返ってきます。

まず、**収納用品を買う前に不要なものを手放してみましょう。**

収納用品を買う前に、不要なものを手放す

× 収納用品を先に買わない！

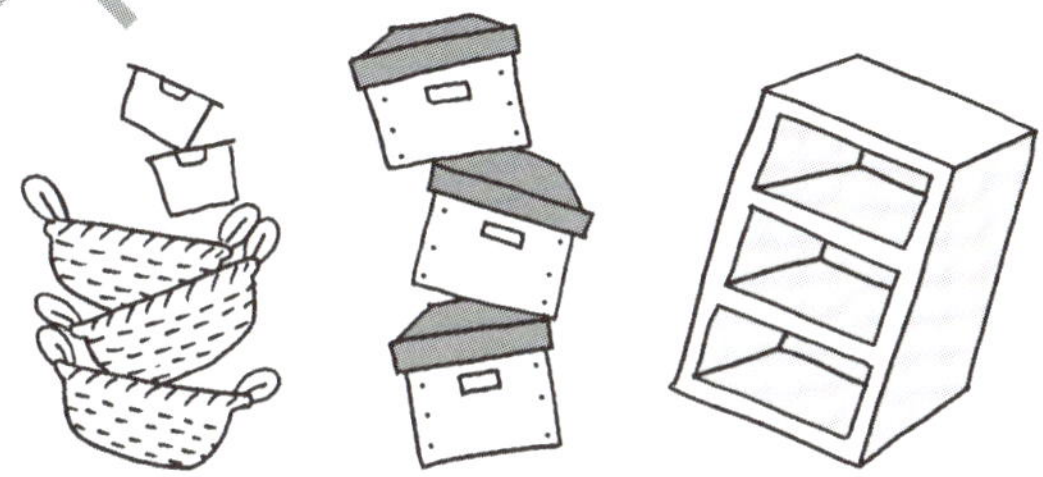

◎ ものを買うより、ものを減らす

「収納用品を買えばキレイに片づく」という幻想を捨てよう

片づけをしたら、年間120万円の節約ができた！

ここからは、私の経験をもとに、片づけによってどれだけ生活環境が改善され、さらに大きな金銭的なメリットが生まれたかをお話ししますね。

片づけが苦手なころの私は、とにかくどんどんものを増やしていました。買うだけ買って実際は使っておらず、本当にもったいないことをしていたと思います。しかし、**片づけが上手になると、「ものを増やさない」という意識に変わり、気づいたらかなりの節約になっていました。**

では、私の場合、どのように意識を変え、ものを減らしたのかをお話ししましょう。

実際、年間120万円ほどの節約にもなりました。

私の体験を通じて、あなたの片づけ節約術の参考にしてください。

片づけが進んでくると、買い物の意識も変わりました。以前はセールで「70%

オフ」などを見ると、「一応買っておく」「安いんだから買わなきゃソン」という考え方だったのが、「着ない服は買わない」という当たり前なことにシフトしたのです。

私の衣類、靴代は、それまで月に５万円程でしたが、２万円に減り、当時幼少の娘の服代も２万円から１万円ほどに減りました。

次に食費ですが、以前はさまざまな食品を、「よさそう」「おいしそう」と思うと、どんどん買い足したのです。ぎゅうぎゅうに詰め込み、下に押し込まれた食品は賞味期限切れに。

片づけを始めて無駄がわかり、「食べる分だけ買う」ようにし、ストック場所に入るだけにしました。それにより賞味期限切れを防ぎ、節約にもなり、月に食費７万円から４万円になったのです。さらに食品ロスが減りました。

調理道具は、「代用できるものはないか」と考え、インテリア雑貨は飾ると掃除しにくく、ものを増やしたくない観点から必要最低限にして買わなくなりました。

調理道具、収納用品、インテリア雑貨は、普段は買わなくなったので、約３万円の支出から今はほぼゼロになりました。

いろいろ書き出してみると、月に10万円程浮いた計算です。

年間で約１２０万円の節約です。

さらに、しばらくため込んだ服をリサイクルショップで売ったので、月に１万円程収入になり、年間約12万円のプラスになりました。

片づけで浮いたお金で人生が豊かになった

車も片づけました。土地柄２台ある家が多く、わが家も同様でしたが、子どもの成長とともに使う機会が減ったことから、１台手放しました。

家の片づけをしていなければ見直しはしなかったことでしょう。不要なものを持たないという考えが根づいていたからです。維持費を含め年間で30万円ほどの節約になりました。

浮いた分のお金は、娘の教育費、家族で外食や旅行代、仕事の勉強代、交際費、美容院代（半年に1回だったのを月に1回に）になり、家の住み替えもできたので、家族や自分が豊かになれる使い方ができるようになりました。

片づけをしたら知らないうちに節約になり、家族や自分のことにお金をかけられ、人生が豊かに楽しくなっていったのです。

そして片づけを通して、たくさんの服やバッグを持つという見栄がなくなりました。

というのも、身だしなみはもちろん大事ですが、「人からどう見られたいか」ではなく、「自分が心地いいこと、楽しいこと」を大事に思うようになったからです。

他人軸ではなく自分軸に変わったことで、家だけでなく生き方もスッキリしたのです。

いつの間にか家族も片づけ上手になった！

以前は家の中にものがたくさんあり、私が出しっ放し、夫も散らかしたまま、夫婦でソファにある洗濯物に座っているなんてこともあり、お互いさまなのでやり過ごしていました。

そんなわが家でしたが、私が楽しく片づけ始めたら、夫もものを捨てたり、片づけてくれるようになりました。**家がスッキリしたことで夫も気持ちいいと感じてくれ、いつの間にか夫も片づけ上手になりました。**夫の片づけのことは後の項目でご紹介します。

さらに変化を遂げたのが娘です。前の項目にも書きましたが、娘が幼少のころ、私が片づけベタなため、どうおもちゃを片づけたらいいかわからず、もちろん教えられもしませんでした。

当時、同じ年齢のお友達と一緒に遊ぶと、まわりのお子さんが上手に片づけられているのを見て、「子どもによって向き、不向きがあるのかな……、いや、私がうまく教えられないから……」と落ち込んだりしたものです。

「片づけなさい」と言っても、子どもは当然ながらうまく片づけられません。学校でも同様で、小学１年生の授業参観のとき、娘の机の中がごちゃごちゃで、また自己嫌悪に陥る……の繰り返しでした。

私の片づけが上達してからは、片づけやすい仕組みづくりをしてみました。このあたりの方法は他の章で詳しくご紹介します。

すると娘もだんだん片づけられるようになったのです。その娘も現在は大学生になり、かなり片づけ上手になりました。

整理収納アドバイザー１級に挑戦

それからは、片づけが上達し、暮らしやすさを実感していましたが、49歳のとき突然体調不良になりました。めまいがするようになったのですが、いろいろ病院に行っても原因不明。今思えば年齢からくる更年期障害だったのかもしれません。

フリーアナウンサーという人前で話す職業柄、仕事を休まざるをえなくなりました。それまで長期で休んだことがなかったですし、いつ治るかわからず、「自分はもう終わってしまう」と不安に駆られました。


休んでいる間になにかしないといけない、無駄にしてはいけないと、資格でも取ろうと考えました。

すぐに思いついたのが、**片づけのプロ資格、整理収納アドバイザー1級の資格**です。既に2級を取得していて片づけのすごさ、効果も知っていましたから、これしかないと思いました。

地元仙台では1年に1回しか開催されない講座ですが、タイミング良く日程がすぐでしたので迷わず申し込みました。

試験は地元開催が数カ月後だったので、一次試験は東京、二次試験は大阪で最短の日時で取得しました。その後さらに意欲が出て、**整理収納アドバイザー2級の認定講師も取得**しました。体調が思いのほか早く戻ったのは、夢中になって打ち込んでいたからかもしれません。

ついに片づけ講座を地元で開催

１級取得後すぐ、「自分と同じ片づけ苦手さんに伝えたい」「伝えることがフリーアナウンサーである自分の使命」と感じ、早速講座開催に向け営業活動を始めました。

仙台市の市民センター30カ所、地元マスコミが母体の河北ＴＢＣカルチャーセンターなどにチラシを持って伺いました。営業の甲斐あり、市民センターの片づけ講座が３カ所決まったのでした。

今思うのは、体調が悪くならなければ資格を取っていませんでしたし、まさか片づけベタな自分が、片づけ講師になるなんて思いもしなかったことです。**片づけたことで頭の中も整理され、自分のやりたいことが明確になっていたから**なのでしょう。

片づけがピンチを救って、明るい未来に導いてくれました。

そして、夢にまで見た片づけ講座を、ついに地元で開催することができたのです。初めての片づけ講座はシニア向けでした。経験がないうえ、自分より年が上の世代、しかも約１００名の参加者。

やや不安がありましたが、フリーアナウンサーで話す仕事をしていたこともあり、「すぐできる！　ハッピーお片づけ講座」は、初回からとても喜んでいただけたのです。

回を重ねるごとにブラッシュアップして、毎回「すぐ片づけたいです！」「カンタンなので驚きました！」とご感想をいただきました。

その後も、ありがたいことにどんどん依頼をいただきました。当時、私は50歳間近。今思えば若すぎない講師というのが、親近感があって良かったのかもしれません。

また、地元のメディアが母体となっている河北ＴＢＣカルチャーセンターからも依頼をいただきました。数年間続け、今も交流のある方も多くいます。ここで片づけのお悩みをたくさん聞き、解決してこれたことが、私の財産となりました。

講座では、笑顔でハッピーも一緒にお届けします（上）

楽しく参加型の講座で、終わる頃には「早く片づけたい！」と言ってくださる方ばかり（左）

現在の講座風景♡

「スモールフィット片づけ」で参加者の意識が変わった！

講座の参加者さんは、はじめは暗い表情で教室に入ってくる方が多くいます。

「何から片づけていいかわからない」

「片づけられなくて自己嫌悪」

「片づけてもリバウンドする」

「探しものばかりでイライラする」

どれも以前の私と一緒です。

講座の最初に、

「いっぺんに片づけないでください」

と言うと、みなさん目を丸くされます。

多くの方が、一気に片づけなくてはいけないと思っています。それができず、いつまでも一歩が踏み出せないでいるのです。そして完璧な片づけを求めているのです。

私が、**「ペン立て、化粧ポーチ、小さな引き出し、こういった小さいものからはじめに片づけましょう」**とお話しすると、

「そんなにカンタンなことでいいんですか？」

という反応が返ってきます。そして、

「それならできそう！」

「帰ったらすぐやります」

「肩の荷が下りました」

どんよりとした表情の方が、どんどん目が輝いてキラキラしてきます。

まずは、「やる気になること」、「片づけの第一歩を踏み出すこと」が大事です。

一カ所でも小さなところを片づければ、気持ちいいと感じます。その気持ちを持続していくことです。

小さなところから始めて、小さく進める。

完璧を目指さない。

私はこの考え方を**「スモールフィット片づけ」**と名づけました。

一気に片づけたほうが早く終わりそうだという方もいるかもしれません。パーっと捨てて、そのときはすっきりすることでしょう。

でも一気に片づけようとすると、次のような「落とし穴」が待っています。

1　一気に片づけようとすると、「時間がない」「大変そうだ」と一歩が踏み出せません。

2　「これは必要？　不必要？」などものと向き合うと捨てる判断が養われると同時に、ムダな買いものをしないという意識になります。でも、一気に捨てると、また同じように増やしてしまいます。

3　一気に捨てると、大事なものもうっかり捨ててしまうことがあります。

4　捨て過ぎて着る服がなくなり、また増やすことがあります。

5　疲れ切ってしばらくやりたくなくなり、次の片づけは1年後など先になります。

小さく始めて自分にフィットするお部屋、「スモールフィット片づけ」を目指しましょう。

「すぐ片づけたくなる、ラクにできる」が私のモットー

元々私は片づけが苦手、どう片づけていいかわかりませんでした。そんな私がまず始めにやった片づけは、不要なものを捨てること。

その後、整理収納アドバイザー２級を取得して基本を知ることで、使いやすい収納にすることができました。

その後１級を取得し片づけのプロになりましたが、もともと苦手でしたから、今でも面倒で難しい片づけは苦手ですし、やる気が起きません。

そんな私だから、「すぐ片づけたくなる、ラクにできる」がモットーです。

これまで７０００名以上の方に片づけ講座を受講していただきました。そこで、どんな方法だと片づけられて、どんなやり方だとうまくいかないか（やる気にならないか）ということがわかってきました。

それは世代や地域に関係なく言えることです。

すぐ片づけたくなる、ラクにできる片づけのポイントは次の3つです。

1　片づける順番：思い出のものは後回しでいい（90ページ参照）

多くの方が、写真や思い出のものをまず片づけることを考えます。思い入れのあるものは後回しにします。

2　手放す基準：5つの基準にそって捨てる（93ページ参照）

手放す基準があります。後ほど詳しくお話ししますが、5つの手放す基準があります。それはシンプルな基準なので、カンタン、ラクに手放すことができます。

3　収納の仕方：ピタッと収めたり、細かく分けすぎない

不要なものを手放していれば、収納はラクにできます。

定位置をの決め方など、片づけたあともキープしやすく、それでいてラクにできる収納をご紹介します

収納スペースにピタッと収めようとしたり、細かく分けすぎないことも大事です。

ラクにできる片づけの３つのポイント

片づける順番

思い出のものは
後回しでいい

手放す基準

５つの基準に
そって捨てる

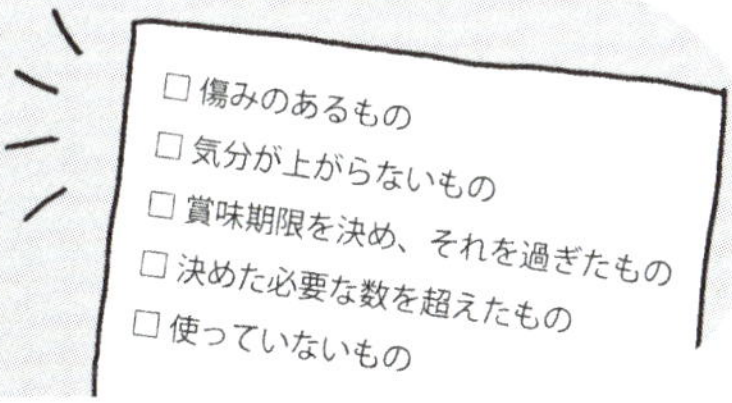

収納の仕方

ピタッと収めたり
細かく分けすぎない

この３つのポイントにそえば、片づけに迷いがなくなる

これまで、７０００名以上の方に指導をさせていただく中で、だれでも、すぐ片づけたくなる、ラクにできる片づけメソッドが出来上がりました。次章以降で詳しくご紹介します。

コラム①「片づけ早口言葉」は最強の味方

私はフリーアナウンサーでもあることから、片づけ講座では、肩慣らしとして、はじめにみなさんと声を合わせて「早口言葉」を行っています。

お片づけ　ハッピーハピハピ　スーパーハッピー　回重ねると
片づけ　快速　爽快　快感　快適　軽快　快活
ハッピーハピハピ　スーパーハッピー

緊張がほぐれますし、一体感が生まれます。

考案したとき、片づけにぴったり合い、それでいて早口言葉にもってこいの言葉を探すと、「快速　爽快　快感　快適　軽快　快活」、こんなに片づけにぴったりの言葉があるなんて、と感激しました。

講座で早口言葉をするきっかけは、テレビ番組のリポーター時代の経験に遡ります。

当時、「つかみが大切」と叩き込まれていたからです。

最初がつまらなければチャンネルを変えられてしまうので、毎回いかにはじめに興味を持ってもらえるかに力を注いでいました。

そこで、講座では、楽しそうと思ってもらえる早口言葉を考えついたのです。

毎回、たいてい1回目はバラバラ。それでいて最後だけピタッと合うこともあったり（笑）。

2回目は、息もピッタリでたいていうまくいきます。

みなさんの目がキラキラして、その後の講座の本編に臨んでもらえるので、片づけ早口言葉は、私の講座には欠かせないのです。

この片づけ早口言葉、毎回楽しくできているのですが、じつは一度だけ緊張したことがあります。それは、「整理収納コンペティション2019」プロ部門、ファイナリストとして「ハッピーお片づけ講座」を発表したときのこと。

審査員の方々が最前列にいる中で、一緒に言ってもらったときのことです。厳しい表情の審査員の方々がみるみる笑顔に変わりホッ。後はリラックスして発表できました。

第2章

初心者は「シンデレラフィット」では片づけられない！

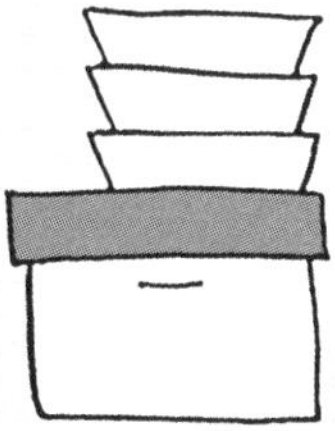

「シンデレラフィット」に悩む人が急増している！

「シンデレラフィット」という言葉を聞いたことがありますか。

シンデレラのガラスの靴のように、「収納スペースにものがピッタリ収まった状態」のことをさしていて、数年前から言われ始めたようです。

初めて聞くという方も、インスタグラムやYouTubeで、収納ケースなどが引き出しや棚にピッタリ収まっている美しい収納を見たことがあるのではないでしょうか。

それがいわゆるシンデレラフィットと呼ばれていて、「インスタ映え」という言葉とともに人気が出て、そんな素敵な収納やお宅に憧れる方が増えました。

私も「素敵！」と憧れた一人です。でもマネしてケースを買ってきてもしっくりきませんでした。ケースばかりが増えていく一方です。

そんな当時の私と同じお悩みが、多くの方から寄せられます。

「なんだか使いにくくなりました」

という人もいれば、

「棚にピッタリ収まるきれいな収納でないといけないんですよね？」

「ピッタリ収まるケースを探すのは大変で、片づけが始められません」

というように、片づけの一歩が踏み出せなくなっている方もいます。

シンデレラフィットができないことに自信をなくしている人もいます。

ＳＮＳが流行っている今、たくさんの情報が目に飛び込んできます。私もそうだったように、きれいな収納に憧れ、「こんな整った部屋にしたい！」と、シンデレラフィットが魅力的に映ります。

たくさん紹介されているので、誰でもできそうな感覚になり、それができないと自信を失ってしまいます。

私の場合、サイズを測って買ったつもりが入らなかった（実際きちんと測れてなかった）、ピッタリ入ってもなんだか使いづらい。

今でこそわかるのですが、「シンデレラフィットは難易度が高い」のです。

元々片づけが得意な人、収納の知識がある人だからうまくいく方法です。

ですから、形だけまねしようとすると使いにくくなるのです。

さらに、シンデレラフィットまでの過程は、「手間と時間」がかかります。
ではそのプロセスをご説明します。

1 不要なものを処分する
2 シンデレラフィットの構想を練る
3 種類分けをし、何をどこに収めるか考える
4 入れる場所のサイズをきちんと測る
5 ネットなどいくつも見て収納用品のリサーチをする
6 購入し実際に収め、微調整をする

慣れている人ははしょったりできますが、こういったプロセスを踏み、シンデレラフィットが完成します。実際に上手にされている方は、収納が好きで得意なので苦にならないと言います。

でも、片づけが苦手な人には、時間も手間も頭も使うので、面倒で、難しく感じられ、ハードルが高いのです。だから、できないからといって落ち込まないでくださいね。

「スモールフィット片づけ」は、苦手な人の救世主

私自身もシンデレラフィットをまねし、残念な収納になっていました。収納の基本を知らないでやっていたため、何が入っているか見えずらく出しにくい、無駄に蓋の開け閉めがあるといった具合です。

これだと結果的に片づきません。見た目より使いやすさが大事なのです。

そこで私が試行錯誤のうえたどり着いたのが、**「スモールフィット片づけ」**です。**小さく進めることに加え、ラクにできる収納であり、完璧ではなく、心地いい空間を目指す**、それがスモールフィット片づけです。基本をしっかり押さえてますから、使いやすく散らかりにくいのです。

多くの人が、

「気がラクになりました！」
「それならできそうです！」

と言ってくださいます。

「シンデレラフィット」をやろうとしていた私は、初級編を飛び越えて上級編に行こうとしていたわけです。

一方「スモールフィット片づけ」は初級編です。

あなたが片づけが苦手、面倒くささがりであると感じるなら、スモールフィット片づけがピッタリです。

こんな質問をいただいたことがあります。

「年頃の娘が片づけが苦手なので、いろいろ工夫しています。でも、出しっ放しです」

私は、

「たとえば靴下は、一つひとつ仕切られたところに1足ずつ入れるケースをお使いですか？」

と聞くと、まさしくそうだと言います。

この手の仕切りのあるケースは、靴下のほか下着を入れるなどキレイに収納できると人気のケースです。

そこで、

「私のような面倒くさがりだと、1足ずつ仕切られたところに入れるのは手間なので、私はひとつのケースに靴下だけをポンポン入れるやり方をしてます」

とお話ししたらとても驚いて、

「一見、片づけやすい収納と思うことも人によってそうではないと気づきました」

とおっしゃっていました。


「スモールフィット片づけ」は、ピッタリ、きれいに収まらなくてもOK。取り出しやすく戻しやすければ、おのずと片づくのです。

シンデレラフィットでは6つの工程でしたが、スモールフィット片づけは3つのみです。

1　不要なものを処分する
2　種類やアイテムごとに分け、その部屋で主に使うものだけを置く
3　持っている収納用品に収め、足りないときに別途購入する

スモールフィットを片づけ３つのステップ

1. 不要なものを処分する

2. 種類やアイテムごとに分け、
その部屋で主に使うものだけを置く

3. 持っている収納用品に収め、
足りないときに別途購入する

小さく進め、ラクに収納、完璧ではなく、心地いい空間を目指す

具体的な片づけ方法は、第4章の場所別片づけでご紹介します。
スモールフィット片づけで、あなたも片づけ上手になりましょう。

「自分にも片づけられた！」と自信がつき前向きになる

私は以前、片づけが苦手で探しものが多く、「どうして片づけられないのだろう……」と常にストレスを感じていました。それが少しずつ片づけられるようになると、「自分にもできた！」と自信がついてきました。

片づけ講座の参加者さんも、はじめ教室に入ったときと、帰るときの表情はまるで違っています。

「自分にもできそう！」
「明らかに意識が変わりました」

と言ってくださる方が多くいます。

これも、ラクにできるスモールフィット片づけだからこそ、「自分にもできそう！」と思っていただけるのでしょう。

なかには、

「今の状況を変えたい」

「自分を変えるきっかけが欲しい」

という気持ちで参加される方もいます。

仕事がうまくいかない、自分に自信がない等、理由はそれぞれですが、変わるきっかけを求めて私の片づけの話を聞きに来てくださる方もいます。

終わるころ、「まず、片づけてみます」とすっきりした表情で教室を後にされます。


70代の方で、ずっと片づけができない、ということがコンプレックスだった方がいました。「片づけられない自分はダメな自分」そう長年思い続けてきたそうです。

スモールフィット片づけを始めて、「ひとつ引き出しが片づくと嬉しくて、何度も用もないのに開けてニッコリしてます！」と喜んでくださいました。

「自分にもできた！」という達成感とともに、「初めて自分に自信が持てるようになりました」と言ってくださったのです。

多くの参加者さんは、「ここが片づけられた！」と、とっても嬉しそうにキラキラした瞳で話してくれます。

部屋がすっきりしたことはもちろん、片づけられた自分に「できた！」と自信がつき前向きになります。そしてまた片づけたいという気持ちになり、どんどん片づいていきます。

難易度が高い片づけだと片づけ苦手さんは、逆に自信を失ってしまいます。

そうならないためには、**「ラクにできる片づけ」**がとっても**大事**です。

「自分にもできた！」と自分に自信を持てるようになれるのが、スモールフィット片づけなのです。

私もシンデレラフィットや完璧な片づけを目指し、失敗の末たどり着いたのがスモールフィット片づけ。**完璧ではなく心地いい空間を目指す片づけ**です。

そのおかげで、自信につながっただけでなく、片づけ以外でも物事全般において、「だいたいできればいい」とゆるく考えられるようになりました。完璧主義なところがありましたが、人生すべてにおいてラクになったと感じています。

部屋が整理されると頭の中も整理される

ものが多く、部屋が散らかっていると、それが目に入ってきてストレスに感じます。

ソファーでくつろいでいても、
「あの棚が散らかっている」
「あそこも片づけなくては……」
などと常に思う日々で、落ちつきませんでした。

講座の参加者さんからも同じような声をよく聞きます。常に気になるためストレスになって、「部屋がゴチャゴチャだから、頭の中もゴチャゴチャ」という声もよく聞きます。

私もまったくそうでした。部屋が散らかっていると頭の中も整理されず、何かにつけてイライラ。時間がない、あれもこれもやらなくては、うまくできない、という思いが常にグルグル回っていたように思います。

ところが、片づけが上手にできるようになると頭の中もすっきりして、やるべきことの優先順位がつけられ、スムーズにこなせるようになりました。

また行動も、ゆっくり動く余裕ができました。

頭の中が整理されると思考も整ってくるのです。

悩んでいる時間がもったいないと感じ、目の前のやらなければいけないことにフォーカスできるようになり、余計な悩み事がなくなりました。切り替えが早くなり、毎日がとても楽しくラクになったのです。

さらに、「自分にとって大事なことは何か」に気づくこともできました。

「家族」「健康」が一番、次に「感謝の気持ち」「心地いいと感じること」「人の役に立つこと」が大事だと気づいたことで、人目を気にすることなく、「自分の人生を生きる」という考えに変わりました。

自分の好きなことに気づき、楽しめるようになる

よく、「休みの日は片づけで一日が終わってしまう」という声を聞きます。

平日忙しくて片づけにまで手が回らないので、まとめてやるということですが、それだとせっかくの休みに好きなことが楽しめません。

私も以前は同じでした。片づけずに出かけたとき、帰宅し散らかった部屋を見て、自己嫌悪に陥ったものです。

毎日、「ああ散かっている」「片づけなきゃ」と思うだけで、気持ちにも時間にも余裕がない日々でした。


そんな私が49歳のときに整理収納アドバイザーの資格を取り、その後仕事にしたわけですが、前の項目の、「部屋が整理されると頭の中も整理される」という経験をして、「片づけを伝えたい」ということが明確になったからです。

その後、片づけの本を出版したいという夢を持ち、さらに実現することができたのですから、片づけの力ってすごいなと思います。

私の講座には、資格を取得されたり、家に人を招きたいと目標を持っていた方がホームパーティーを楽しむようになった方も多くいます。すっきりした空間は、自分のやりたいことや好きなことに気づき、楽しめるようになるのです。

なかには、お子さんが大学生、社会人になるというライフスタイルの変化のタイミングで参加してくださる方もいます。

片づけの講座に参加したことで、「これから夫婦二人の生活になり、どう楽しむかを考えるきっかけになった」と話してくださいました。

家事が時短でき、楽しくこなせる

「片づけをすると家事が時短になる」

こう話すと講座の参加者さんは、あまりピンとこない方もいます。以前の私もきっとそうだったと思います。

片づけを始めてまず驚いたことは、**掃除機がけが早くなった**ことです。以前は床にものがたくさんあって障害物となっていました。どかすのも面倒なので、ぶつかりながら掃除機をかけていたのです。片づけたら障害物がなくなり、

「さーっとかけられる！」

「掃除機がけがこんなに楽しいなんて！」

大げさと思われるかもしれませんが、私には大きな衝撃で、感動しました。

家を片づけたら掃除がしやすくなる「副産物」があるなんて、考えたことがなかったのでとても驚きました。

拭き掃除も一緒です。以前はテレビ台、チェスト、棚などに、ちょい置きや飾りものがあり、拭き掃除が面倒でした。ものをどかして掃除するのは手間なものです。
そこで、ちょい置き、飾りものをほぼなくしたことで、気づいたときにサササッと拭き掃除ができるようになりました。家事が時短になったのです。

料理の後片づけがまったく苦にならなくなる

以前は調理台の上にいろいろ置いてあり、調理するスペースが狭くなっていました。常にコップや調味料などがたくさん置いてあるうえ、無駄にボウルやザルといった調理道具をいくつも出して料理をしていたため、調理スペースが狭くなっていたのです。

現在は、コップや調味料も中にしまい、調理台にはものを置かないようにしているので常にすっきり。ボウル、ザル、鍋といった調理道具も必要最低限しか持たないので、おのずとたくさん出すことはなくなりました。

数が必要なときは洗いながら使っています。調理台の上がすっきりしていれば、使いたいものがサッと取れて料理も早くなります。

じつは、調理道具を減らすきっかけがありました。東日本大震災のあと一時的に住んだ家のキッチンが狭く、調理スペースとキッチン収納はそれまでの住まいの1／4くらいになりました。

持っていたものが全部入らないので、仕方なく使っていない調理道具を他の部屋の押し入れに入れることにしました。いちいち取りに行くのが面倒かと思いきや、これが特に困らなかったのです。それは、使う機会がなかったから（笑）。

それに気づき、不要な便利グッズ、天ぷら鍋やパスタ鍋を手放すことにしたのです。他のものでも代用できるということも気づくことができ、苦肉の策でやったことが大きな学びとなったわけです。

さらに、後片づけについてですが、以前はたくさんの調理道具を出して料理をしていたので、食洗機はあったものの大変でした。

食後、キッチンのシンクに積み上がった鍋や食器を見てうんざり。夫が後片づけ担当でしたが、深夜になってようやく洗い物をすることも多く、キッチンがしばらく汚いまま。

夫がうっかりソファーで寝てしまったときには、翌朝シンクに積み上がった食器や鍋を見てがっかり。結局私がやる羽目になり、何度怒ったことでしょう。

でも、山のような洗い物というのは、元々ものがたくさんあったから。そうでなければ後片づけもそこまで大変ではなかったはずです。夫に対して怒ることも少なかったことでしょう（笑）。

今は、**必要最低限の調理道具しか持っていないため、後片づけもラクになりました。**

夕食の時間は私と夫で異なりますが、それぞれが自分の食事後食洗機に入れ、まとめてスイッチを押します。洗うものが少ないので苦にならず、翌朝までシンクに残ることは１００％なくなりました。後片づけについて夫にイライラすることもなくなりました（笑）。

ちなみに私は、料理は得意ではなく、できればやりたくないタイプ。そんな私でも苦にならず料理や後片づけができているのは、不要なものをなくしたことで時短になっているからなのは間違いありません。

リビングが「幸せのくつろぎ空間」になる

リビングルームが片づいていると、自分も家族もゆっくりくつろぐことができます。散らかっていると気になり、１日の中で大半を過ごすので、くつろげないばかりかストレスがかかります。

まさしく以前のわが家は、ソファーに座ってくつろごうとしても「あそこが片づいていない」と常に気になり、ストレスのかかる空間でした。

当時、朝はまずリビングの片づけからスタートです。ソファーに出しっ放しの本、服、床に置きっぱなしのものを片づけないといけませんでした。

早い時間に外出し帰宅すると、泥棒に入られたような散らかりようです。外出前、服選びで散らかした服がソファーに置きっ放し。あれがないこれがないと引っ張り出したものが出しっ放し。そこまでひどくない日でも、帰宅後、散らかった部屋をまず片づけることが日常でした。

今は、朝のリビングのリセットは10秒。ソファーに置いたひざかけをたたむだけです。朝早い時間の外出でも探し物もないですし、服も持ってる数が多くないため、引っ張り出すことはありません。帰宅後に片づけをした記憶はないほどです。もちろんこれは家族の協力もあってのこと。「片づく仕組みづくり」は後ほどご紹介します。

リビングは、以前はストレスがかかる場所でしたが、片づく仕組みを実践してからは「幸せのくつろぎ空間」です。気持ちに余裕ができたことは大きく、常に感謝の気持ちを持てるようになりました。

夫は、帰宅後に録画したテレビドラマを見るのを楽しみにしていますが、ソファーでビール片手にくつろいでいる姿を見ると、癒しの空間がつくれて本当に良かったと思います。そして「一日お仕事お疲れさま」という感謝の気持ちが自然とわき上がります。

講座の参加者さんもリビングが幸せのくつろぎ空間になっているそうです。念願だった「アロマを焚いて好きな音楽を聞きながら読書をする」ということが叶い、至福の時間を過ごしている方も多くいます。

過ごす時間が一番長いリビングだからこそ、幸せのくつろぎ空間にしましょう。

自分の片づけに集中したら、夫も片づけを始めるようになった

私の片づけが上達してきたころ、「夫にも片づけてほしい、ものを減らしてほしい」と思ったことがあります。

何年も置いたままのCDが大量にあったので、「聞いていないなら捨ててもいい？」と尋ねたことがありました。夫は慌てて、「これは捨てないでほしい」と言ったのです。

はじめは「何で聞いてないCDを捨てちゃダメなんだろう？」と思ったのですが、確かに自分にも捨てたくないものがあるわけです。**人のものは勝手に捨ててはいけないし、「捨てるものは自分のもの」**なんだと悟りました。

それからは自分の片づけに集中しました。そうしたら夫の持ち物は気にならな

くなり、楽しく片づけを進められ、家の中がだいぶ整ってきました。

すると夫がいつの間にか「聞いていない大量のCD」を捨ててくれていたのです。家が片づいたことで心地良さを感じて、気持ちの変化があったのでしょう。積極的に片づけをしてくれるようになったのです。

その後、自らクローゼットの片づけもしてくれるようになり、定期的に不要な服を捨ててくれるようになりました。

夫を片づけ上手にする方法

そんな片づけ上手になった夫ですが、そこに至るまでのもうひとつの例をご紹介します。題して「ビールの空き缶問題」の解決です。

夫は飲み終えたビールの空き缶をリビングのテーブルに置きっ放しにするのが常でした。私がキッチンのゴミ箱に捨てるように言うと、そのときはやりますが習慣になりません。

そこでハードルを下げて、「キッチンまで持ってきてね」とお願いすると、持ってきてくれるようになり、「わ〜すごい、できてる！」とほめました。

次は「キッチンのゴミ箱まで入れてくれたら完璧！」とお願いしたらやってくれるようになったのです。「すごい！　できてる！　助かる！」とその都度ほめることも忘れません。

するといつの間にか自分で片づけることが習慣になったのです（たまに忘れることはありますが）。ハードルを下げて、段階的にお願いしたのがよかったと感じています。

嬉しいのは、私が出張のときでも、帰宅して空き缶がテーブルに置いてないこと、家全体も整ったまま。


片づけではありませんが、私が3日以上出張で不在のときは洗濯もしてくれるようになり、「ありがとう」を伝えると、「ためると、まとめて洗濯するのが大変だと思って」という言葉が返ってきました。

世間では驚く話ではないかもしれませんが、わが家では嬉しい変化です。家族一緒に片づけて整えるという習慣ができたのです。

子どもの片づけは長い目で見る

幼少のころ、娘に「片づけなさい」と言ってもうまくいきませんでした。その後片づけが上達した私は、「クレヨンはこのクレヨン入れに入れてね」「ぬいぐるみはおうちに戻してね」など、具体的に「何をどこに」と教えることで、少しずつ片づけられるようになったのです。

できたら「すごいね～！」とたくさんほめます。小学生からは長期休みのとき、隣に座って片づけを見守りました。一緒に片づけるのは年に1～2回だけですが、一人でもできるようになったのです。

とても順調にここまで来たように聞こえるかもしれませんが、決してそうではなく、私は子どもが片づけられなくてイライラしていたときがありました。

でも、**「いつか片づけられるようになればいいや」と気長に構えるようになったら、いつの間にか片づけられるようになった**のです。

私が片づけているのを見ていたのもあると思いますし、長い目で見るというのは大事なんだと実感しています。

夫の件もそうですが、**家族に片づけてほしいと思ったら、まずは自分が片づけ始める。**すると家族にも変化が起こります。

空間だけでなく気持ちにもゆとりが生まれ、家庭円満につながるのは間違いないと実感しています。

片づけで、災害に強い安心安全な家になる

第1章でもお話ししましたが、東日本大震災のとき、ものというものがすべて倒れ、テレビ、電子レンジはおろか、洗濯機といった大物までも倒れたのです。その破壊力はすさまじく、地震ではものが凶器となることを知りました。

余震が続く中、停電のため明るい時間しか片づけられないという状況でも、なんと3日間で元の状態に戻せました。

わが家で早く元に戻せたのは、**「ものをある程度少なくしていた」ということと、**

「ものの定位置が決まっていたため、考えずにそこに戻せた」からだと思います。

その後も、仙台では震度5クラスの余震が度々起こりました。そんな中多くの方が言っていたのは、「家中倒れたものを元に戻すことに心が折れる」ということです。

地震の恐怖のあと収まって安堵したあと、目に飛び込む家の中の惨状。また元に戻す労力と時間を考えると、「心が折れる」という言葉以外に見つからないほどでした。


震災当時は、水、電気、ガスといったライフラインもすべて止まり、同じ市内に住む義実家宅に娘と身を寄せました。義父と毎日給水に行きましたが、結構な重さで往復30分ほどの距離は大変なものです。

ただ義実家宅ではポリタンクを持っていたので、一度にたくさんの水を入れられたのが救いでした。ペットボトルで給水していたお宅は、何度も往復しないといけないので大変だったと想像できます。

物流もストップしお店は閉まったまま。数日後、ほんのわずかな店舗が開くと人が殺到し、2〜3時間ほど並びようやく入店しても、一人5点など制限つき。それでもありがたかったですが、次はいつ開くかわからなかったので不安でした。こういった経験をしたので、きちんと備蓄しないといけないと思い知ったのです。

それまでわが家ではたいして備蓄をしておらず、マンション暮らしで置く場所もないし……などと言い訳にしていたのです。義実家、実家が同じ市内なので、「災害のときは頼ればいい」などと考えていたので、自宅でもしっかり備蓄しないといけないと反省し、心を入れ替えました。

私の住まいの地域ではライフラインの復旧は水、電気が1週間後、ガスは1カ月後でした。その経験を踏まえ、**水、食料は家族3人1週間分を備蓄しています**。水は、長期保存水と日常の水を合わせて、500㎖ペットボトル100本ほどです。「ローリングストック」（普段から少し多めに食品や飲料水を買っておき、使った分を買い足す備蓄方法）もしていますが、それだけでは足りないので場所を確保しないといけません（管理できる量が大事）。

そこで、**災害時でも家族が生きていくために、不要なものを減らす**と決めました。

「非常用持ち出し袋」も準備し、置く場所はサッと持って逃げられるよう出入り口のある玄関です。下駄箱のスペースに置くために片づけました。

わが家では震災の教訓から、その後もできる範囲でものを減らしており、今のところ、地震の際でもものが散乱することはなくなりました。

これからも「片づけは、災害に強い安心安全な家になること、自分や家族の身を守ることができること」を多くの方にお伝えしたいと思っています。

スモールフィット片づけの「マインド5カ条」

では、スモールフィット片づけの基本となる大事なマインドを５つご紹介します。

１　完璧を求めず、「心地いい暮らし」を目指す

２　「理想の暮らし」を思い描く

3　「収納用品」を先に買わない

4　「思い出のもの」は捨てなくていい

5　「人のもの」は捨てない

私だけでなく、講座の参加者さんもうまくいっている大事なマインドですから、きっとあなたもうまくいくはずです。

1　完璧を求めず、「心地いい暮らし」を目指す

講座でこう話すと、参加者さんから、「肩の荷が降りました」「とても響きました」というお声をたくさんいただきます。

それだけ「完璧に片づけなくては」と思っている方が多いのでしょう。だから片づけるのが大変だと思い、一歩が踏み出せないという印象です。

では、こう言われたらいかがですか。

「全部片づかなくてもいい」

「だいたい片づけばいい」

「きれいな収納じゃなくていい」

気がラクではありませんか。できそうですよね。

まずは一歩を踏み出してみましょう。化粧ポーチ、ペン立て、小さな引き出しなど小さなところから始めます。

どこかひとつ片づくと「自分にもできた」と自信につながります。片づいた場所が気持ちいいと感じることでしょう。すると、「他も片づけてみよう」という気になるものです。

完璧を求めるのではなく、自分や家族が心地いいと感じる暮らし、小さく片づけて自分にフィットする暮らしを目指していきましょう。

2　「理想の暮らし」を思い描く

片づけをする前に大事なことは、まず**「どんな暮らしをしたいのか」**を思い描いてみることです。

講座の参加者さんにそう話すと、多くの方が戸惑った表情で、「考えたことがない」と言います。


そこで、これまでの参加者さんたちの掲げた理想の暮らし、

「自分も家族もくつろげるような部屋にしたい」

「趣味のフラワーアレンジが映えるような部屋にしたい」

などをご紹介すると、参加者さんがワクワクしながら思い思いに理想を描き始めるのです。

「今日家に寄って行かない？　といつでも言える部屋にしたい」

「好きな音楽を流して、アロマを焚き、読書したい」

読書はすぐにでもできそうですが、散かっているとそんな気にならないので、すっきりした空間で楽しみたいのだそうです。

結構多いのが、「お掃除ロボットを使えるような部屋にしたい」という目標です。床にものがたくさんあるから今は無理。お掃除ロボットに任せて、空いた時間を好きなことに使いたいということです。


まずは、はじめに理想の暮らしを思い描きましょう。なんだかワクワクしませ

んか。目標なく進めるとモチベーションが上がりません。

はじめこそ「よし捨てるぞ！」とスタートできたとしても、やる気が続かないもの。理想の暮らしに向かってワクワク楽しく片づけましょう。

3　「収納用品」を先に買わない

私もそうであったように、多くの方がまず「収納用品」を先に買います。インスタやYouTubeの影響で、「紹介されていた収納用品を買うと片づきそうな気がして」と言います。

でも実際は自分の家には合わなかった、ものばかり増える、という結果になります。まず収納用品ありきの方が多いのですが、

「先に収納用品を買わない。不要なものを減らす」

これが大事です。

実行した参加者さんからは、

「衣装ケースがひとつ空になりました！」

「引き出しが一段空きました！」

というご報告をたくさんいただいています。

ケースが不要になるのですから、収納用品を新たに買わないほうがいいわけです。

それに100個のものを収納するより10個のものを収納するほうがラクですよね。「はじめに不要なものを減らす」ことがうまくいく近道です。

4 「思い出のもの」は捨てなくていい

片づけ＝何でもかんでも捨てなくてはいけないのでは？　と思っている方が多く、だから片づけたくないという方もいます。

スモールフィット片づけは、**大事なもの、好きなもの、思い出のものは捨てなくて大丈夫**。片づけはメリハリが大事。不要なものを捨てて、好きなものや思い出のものは残して毎日を楽しく過ごしましょう。

なぜなら、**「自分にとって心地いい空間を目指すのがゴール」**だからです。

まず不要なものを捨てる。どんなものが不要なものかは、後ほど本書の中でお

スモールフィット片づけマインド５カ条

完璧を求めず、
「心地いい暮らし」を目指す

「理想の暮らし」を思い描く

「収納用品」を先に買わない

「思い出のもの」は
捨てなくていい

「人のもの」は捨てない

このマインド５カ条を押さえれば、片づけはきっとうまくいく！

話しします。

そうして「捨てる訓練」をしていくと、いつの間にか「思い出のもの」も捨てられるようになります。

5 「人のもの」は捨てない

「夫に、ものを捨ててもらうためにはどうしたらいいですか？」

このご質問はよくいただきます。夫だけでなく、妻、父、母、子どもに対しても同様です。いわば、「家族にものを捨ててもらいたい」というご相談です。

あなたはこう思ったことがありますか。まずどうしてこの思いが出てくるかというと、自分のものは思い入れがあるので捨てたくないものです。それに対して人のものには、思い入れがないので邪魔に感じます。だから捨ててほしくなるわけです。

でも逆の立場だったらどうでしょう。家族から自分のものを「捨ててほしい」と言われたら、イヤと感じるのではないでしょうか。参加者さんも「絶対イヤ」と言います。

「人のものは捨てない」これが鉄則です。自分の片づけに集中しましょう。

もし家族に対して、ものを捨ててほしいと思ったら、まず自分が片づけ始めること。片づけは連鎖します。自分がワクワク片づけていると家族にも伝染します。

片づけ始めた参加者さんからこんな報告をたくさんいただいています。

「夫が靴を捨ててくれたんです！」

「子どもが一緒に片づけ始めたんです！」

自分が見本を見せることが、結果として家族にも片づけてもらう近道になるのです。

ものを手放す5つの基準

捨てるというのはハードルが高いものです。

「いつか使うかも」「壊れてない」と思うと捨てられないものですが、私自身や講座の参加者さんを見て、手放せる考え方があると気づきました。

1　傷みのあるもの
2　気分が上がらないもの
3　賞味期限を決め、それを過ぎたもの
4　決めた必要な数を超えたもの
5　使っていないもの

ものを手放す5つの基準についてお話しします。

1　傷みのあるもの

まず捨てやすいのは傷みのあるものです。

服なら襟や袖が伸びた、ヨレてきたなど、傷みがあるものなら比較的手放しやすいはずです。靴もバッグも同様です。調理道具もへこみ、黒ずみがあるボウルなども処分しやすいのではないでしょうか。まずは傷みがあるものから手放しましょう。

ものを手放す５つの基準

- □ 傷みのあるもの

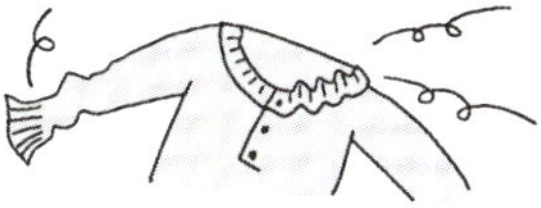

- □ 気分が上がらないもの

- □ 賞味期限を決め、それを過ぎたもの

- □ 決めた必要な数を超えたもの

- □ 使っていないもの

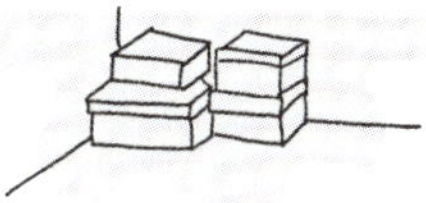

５つの基準にそえば、「手放し上手さん」になれる

2　気分が上がらないもの

ただ、私も傷みがあっても捨てにくいものがあります。それはヨレてる、伸びてるけど「着心地がいい服」。

でも、「その服を着て気分が上がるかどうか？」「その服で誰かに会ったときに恥ずかしくないか？」と考えるようになったら私は捨てられるようになりました。他の持ち物でいえば、バッグに入れるポーチやティッシュカバーを例にとれば、汚れが目立ってきてもまだ使えると思いがち。でも気分も上がらなければ、素敵に見えない。そういう基準で手放すようにしています。

3　賞味期限を決め、それを過ぎたもの

傷みがあるものは比較的捨てやすいですが、問題は傷みがないものです。

たとえば何年も前に買った服。着ていなくても「まだ着られるし」「いつか着るかも」と思ってなかなか手放せないもの。そこで、食べ物のように賞味期限を決めましょう。

「1年着てない服は手放す」「3年着てない服は手放す」といった具合に自分で手放す期限を決めます。

服の賞味期限を3年とした場合、それ以前の着てない服は捨てやすくなるはずです。

4　決めた必要な数を超えたもの

ものの数を決める「適正量」という考え方です。

たとえば、私はハンカチの枚数は5枚、靴は6足、服は春夏、秋冬、アイテムごと3枚ずつと決めています。カーディガンなら春夏3枚、秋冬3枚。ジャケット春夏3枚、秋冬3枚といった具合に数を決めています。

絶対にこの数というわけでなく、たとえば私は、ブラウスとスカートといった上下別々の服はあまり着ないので少なめ。その代わりワンピースをよく着るので春、夏、秋、冬、それぞれ3枚ずつとしています。要は自分のちょうどいい数を決めるということです。そこからあふれたら手放します。

数の決め方は、どのくらいあれば充分か、間に合うかで考えます。結局たくさん持っていてもいつも着る服、使うものは限られてきます。

次はキッチンのものについてわが家を例にお話しします。スプーンやフォークは家族の人数分3本ずつしか持たないようにしています。来客用の小さいスプーンとフォークのみ少し多めで、家族の人数3人＋わが家のマックス来客数3人で6本にしています。それ以上持っていたものは手放しました。

服もキッチン用品も、数を決め、その数を超えたら手放すようになりました。

数で管理しにくいものなら、たとえば本は本棚に入るだけ、食器は食器棚に入るだけ、食品ストックも決めた場所に入るだけという「ここに入るだけ」というやり方がいいでしょう。

あふれるときは、「ひとつ買ったらひとつ捨てる」ようにします。

5　使っていないもの

何年も着ていない服は、着心地がイマイチ、流行が変わった、きつくなった、など理由があるもの。着ていない、使っていないものは手放すようにします。

紙類でいえば、もう用事が済んだお知らせの紙、壊れてもう家にない家電の取扱説明書などなど。ペーパーレスが進んでいるとはいえ、まだ紙類は多いはず。

もう読まない紙は処分しましょう。

他にも、試供品の化粧品、何年も出番のない食器、子どもが小さいころに使ったきりのキャンプ用品などなど。家の中には使っていないものが意外にたくさんあるもの。

そこにも家賃や土地代がかかっていると思うと、もったいないわけです。

ただ、使っていないものでも全部手放す必要はありません。思い出があるものは捨てなくて大丈夫です。

たとえば子どもの作品類や賞状など。でもたくさんあって整理したいときの方法は、この後本書の中でお話しします。

以上、ものを手放す基準を5つご紹介しました。

最後に手放す際の「注意点」をひとつお話しします。

「不要なものを人にあげる」

これは、あまりおすすめできません。

欲しいと相手から言われた場合はもちろんかまいません。でも自分から子どもや友だちに、服やバッグ、食器などなど、ものをあげることは考えないほうがいいでしょう。

どうしても譲りたいときは、「もしよかったら」と一言添え、断れる状況をつくるようにしてください。

高価なものであっても時代や趣味が違います。もらった人は捨てるに捨てられず困っているという話をよく聞きます。

「不要なものは自分で捨てる、リサイクルに回す」など自分で完結しましょう。

コラム②　相手も自分もほめると、どんどん片づけが上達します

私の講座では、３回、６回など連続して行う講座があります。毎回片づけの報告をしてもらいますが、小さな片づけでも必ず「ほめる」ようにしています。参加者さんは、

「どんな小さなことでもほめてくれるのが嬉しい」

と言ってくれます。

一生懸命片づけをしてくださったことに対して、「本当にすごいな」と思ってほめています。

そしてもうひとつ、ほめることが大事だというきっかけとなることがありました。

それは私が母校の高校の放送部のコーチをしていたころです。

当時母校では、高校放送部で競われるコンクールにしばらく出場しておらず、

「生徒が挑戦したいという目標を持っているので、コーチをお願いしたい」と依頼されたのです。

お受けしたのはいいものの、当時私の娘は小学校に入学したばかりで、高校生にどう指導していいか手探りでスタートしました。

私もはじめは遠慮があり、うまくコミュニケーションがとれませんでした。

そこで、**「ほめる」ことを大事にしました。**

いいところをほめたうえで、

「こうしたほうがもっとよくなる」

という接し方に変えました。

すると高校生は、ほめられた瞬間とてもキラキラした笑顔になるのです！

そして私との距離も近くなり、信頼関係が築けるようになってきました。そしてどんどん上達していったのです。

指導を始めて5カ月ほどで、コンクールの予選を勝ち抜き、本選へ進むことができました。

翌年にはコンクールで1位、2位、特別賞を受賞する快挙を成し遂げたのです。

高校生が頑張ってくれたからこその結果です。

その経験もあり、片づけ講座でも、「ほめる」ことをとても大事にしています。

また、家では一人で片づける方がほとんどですから、参加者さんには、**「がんばっている自分をもっとほめてくださいね」**とお話ししています。

第3章

1回たった1分で、片づけ習慣が身につく

片づけは、一気にやろうとするからうまくいかない！

「一気に片づけないでください」と片づけ講座で言うと、参加者さんはたいてい驚きます。一気にやらないといけないと多くの方が思っています。そうすると、「一気に片づける時間がない」

「長い休みのときにやろう」

と、いつまでも重い腰が上がりません。私自身もそうでした。

これがまず一気に片づけないほうがいい理由のひとつです。

実際、一気に片づけた方も一定数いて、

「失敗した」

「リバウンドを繰り返している」

という声を多く聞きます。

では、なぜ一気に片づけるとうまくいかないのでしょうか。

実際の声からその理由を４つご紹介します。

1　また増える（リバウンド）
2　大事なものを捨てて後悔する
3　捨てすぎて足りなくなる
4　疲れ切って次に片づけるのは1年後

うまくいかなかった原因は多岐にわたっています。

では、次の項目では、いっぺんに片づけるとなぜうまくいかないのかをひとつずつ紐解きます。併せてスモールフィット片づけの場合についてもお話しします。

一気に片づける場合と、スモールフィット片づけの違い

1　また増える（リバウンド）

一気に片づけるとき、何も考えずにものを捨ててしまいがちです。なぜこんなに増やしてしまったのか？　なぜこれまで捨てられなかったのか？　ということに気づかないので、また同じように増やしてしまいます。いわゆるリバウンドです。なかには、「一度捨てることができたので、また増えたら捨てればいい」という「変な自信がついた」と言う方もいます。

この考えだと、一度片づいてもまた増えて散らかります。部屋が片づくのは一時で、ものが増えることを繰り返すので、無駄遣いにもつながります。

スモールフィット片づけは、1回1分でも手に取り、ものと向き合い、要・不要を判断しながら片づけるので、「ものを増やさないようにしよう」という気づきが生まれ、リバウンドを防げるようになります。

2　大事なものを捨てて後悔する

一気に捨てると、うっかり大事なものを捨ててしまうことがあります。すると後悔し、もう片づけたくなくなります。これが原因で、「片づけが嫌い」という方が多くいます。

スモールフィット片づけは、一つひとつものと向き合い、何が必要か不要かを考えて捨てるので、うっかり大事なものを捨てることを防げます。

3　捨てすぎて足りなくなる

よく、「一気に服を捨てたら着る服がなくなった」という話を聞きます。いっぺんに何も考えずに捨てれば、持っている大体の数を把握できませんので、気づけば足りないということに。するとまた増やします。

スモールフィット片づけは、少しずつ進めるので、大体の持っている数を把握できているため、捨てすぎることはありません。

4　疲れ切って次に片づけるのは1年後

一気に片づけると疲れ切ります。息切れしてまだ途中であっても、次に片づける意欲がわきません。「片づけ＝疲弊する」という図式ができ上がり、しばらく片づけから遠ざかります。結果として片づきません。

スモールフィット片づけなら、一カ所片づけばスッキリを実感し、またすぐ「他の所の片づけがしたい！」と思えます。1回1分だからこそ次につながり、習慣になります。

一気に片づけるとうまくいかないのは、以上のような理由があるわけです。

次の項目では、スモールフィット片づけが、楽しみながら習慣化される理由をお話しします。

「1回たった1分」だから、やる気になって習慣化できる！

現代人は忙しく時間がありません。疲れて帰ってきてヘトヘト。そこから片づけはかなり厳しいものがあります。でも1回1分だったらやる気になりませんか。「今日こそは片づけしなきゃ」でもなければ、「よしやるぞ！」と気合を入れなくてもいいのです。

また、「休みの日にまとめて片づけ」だと「時間をつくる」わけですが、たった1分なら隙間時間にできます。時間も無駄に使いません。1分なら片づけが習慣になり、大変でなく続けられます。

小さな所でも片づけば気持ちいい。また片づけたいという気持ちになるのです。「今日はどこを片づけよう」と楽しみになるはずです。


1分なのでいつでもすぐ片づけられますが、その中でも私が気づいた、片づけにおすすめの「ゴールデンタイム」があります。

- 外出する前
- 夕食の支度の前
- 入浴の前
- おやつを食べる前

「何かをやる前」が効果的です。外出が午前11時だとしたら「その前に終わらせよう」と、時間がないときのほうがやる気になるものです。

また、夕食の支度の前に1分片づけようと思うと、ワンクッションとなりやる

片づけにおすすめの「ゴールデンタイム」

外出する前

おやつを食べる前

夕食の支度の前

入浴の前

片づけにおすすめの時間は「何かをやる前」

気になります。たくさん時間があると思うと、まだまだ大丈夫とやる気が起きなかったりするものです。

１分片づけをすると区切りとなり、生活のリズムが生まれます。毎日の暮らしに張りが生まれるのです。

それから、片づけをしたらおやつをご褒美にしたり、おやつが食べたくなったら、まず片づけをしてからとお預けにします。私はよくやりますが、結構やる気になりますよ（笑）。

また、効果的に楽しく行うための**「モチベーションアップ術」**をご紹介しましょう。

特に「スモールフィット片づけ５カ条」の中でご紹介した、**「理想の暮らしを思い描く」**ことが効果的です。

「お花が映えるような部屋にしたい」
「物置部屋を片づけ、趣味の絵を描くアトリエにしたい」
「ヨガマットを敷けるくらい床を片づけたい」
など、理想に向かって楽しくモチベーションを保ち、片づけられます。

また、「人を呼べる部屋にしたい」ということが理想なら、○日に人を呼ぶと決めてしまいましょう。私自身かなりやる気になります。1回だけでなく定期的に招くとなお効果的です。

それから、**「片づけ仲間をつくる」**のもおすすめです。ここを片づけた、あそこを片づけた、などお互いに報告会をすれば刺激になります。一緒に頑張っている人がいるとモチベーションが続きますよね。

この後ご紹介する場所別1回1分片づけでは、さまざまな1分片づけをご紹介します。各部屋ごとに1分片づけのポイントを書いていきます。

ただ、これを一気にすべてやっていては1分ではできません。あなたの今日の気分で場所をチョイスし、1分片づけを習慣化しましょう。

「スモールフィット片づけ」の収納の基礎知識

まず**片づけは、「分ける」ことが大事**になります。
要、不要なものを分けるところから始まり、収納するときは、

「使う頻度で分ける」
「種類別に分ける」
「季節で分ける」
「人別に分ける」

といった「分ける」ことがうまくいくポイントです。覚えておいてくださいね。

次に、**ものの定位置、住所を決める**ことがとても大事です。
定まっていないと、次に使うときに探すことになります。
よく、「片づけてもキープができない」「定位置を決めてあるのに、家族が戻し

収納するときの分けるポイント

使う頻度で分ける

種類別に分ける

季節で分ける

人別に分ける

片づけは、「分ける」ことをいつも意識しよう

てくれないんです」というご相談をいただきます。

じつは「戻しにくい定位置」になっていることが多いのです。

戻しやすい定位置にするためには、散らからない仕組みづくりが大事です。


「使う頻度で分ける」

「適正量」

「使う場所に置く」


どれかひとつ実践するだけでも効果は抜群です。

●使う頻度で分ける

よく使うもの、あまり使わないもの、というように「使う頻度」に分けて収納します。

収納する際には、高さを意識します。

よく使うものを真ん中の高さに、次に使うものや重さのあるものは下へ、上には季節のものや１年に数回しか使わないようなものを置きます。

また、手前にはよく使うものを、奥にはあまり使わないものを入れます。使う頻度別の収納なら、取り出しやすく戻しやすく、散らかりにくくなります。

●適正量

ライフスタイルに合わせた「持ち物の量」を決めることです。

洗剤を例にとると、あなたのお宅で衣類洗剤のストックが1本あれば足りるとすれば、適正量は1本となります。安いときにまとめ買いして場所を圧迫させずに済みます。あふれると定位置に戻せず、散らかる原因になります。

他には、私の下着の適正量は4枚で、この数があれば足りると決めました。たとえば「だいたい5枚」のように決めても構いません。うっかり10枚など増え過ぎを防ぐ効果が適正量にはありますので、気軽に決めてみましょう。

また適正量には、「ここに入るだけ」という方法もあります。ショップ袋を例にとると、ひとつの袋の中に入るだけ持つようにするというやり方です。

適正量を決めておくと、ものが必要以上に増えず散かりにくくなります。

●使う場所に置く

たとえば、お化粧をリビングでするなら、化粧品はリビングに定位置を決めます。また、メガネはパソコンを見るときによく使うなら、パソコンがあるところを定位置にします。

つまり、**「使う場所に置けば戻しやすく、散かりにくくなる」**のです。

逆に言うと、**「その場所で使うもの以外は置かない。その部屋に関係ないものは置かない」**ことが、散らからないための大事なポイントでもあります。

次章からは、いよいよ場所別の１回１分片づけをご紹介します。

場所別に片づける際のポイントがいくつか書いてありますので、その日、そのときの気分や状況に応じてチョイス、１分間でできることを実践してください。

コラム③　趣味のものを片づける際の2つのポイント

趣味のものや好きなものは無理に捨てなくてもいいと思います。それがあるだけで幸せな気持ちになるものだからです。

とはいえ、たくさんあるなら、こう考えて残すか手放すかを決めます。

趣味のものを片づける際のポイントは、次の2つです。

「今やっているか。今後やる予定はあるか」

「選んで残す」

たとえば、今趣味でキャンプによく行っているなら、キャンプ道具は必要です。

わが家は、夫が集めたキャンプ道具がありました。何度か出かけて楽しみましたが、行かなくなって数年経ちました。

そのうち娘が生まれ、出かけるかもと思い、残していたのですが、結局キャンプをすることはなく、気づけば15年程使用してなかったのです。

でも災害時に役立つかもと残してましたが、震災のときは家の中に避難していたので使わず、最終的には、結構汚れていたので、引越しを機に処分しました。キャンプ用品は寝袋、テント、それ以外にもたくさんあり、当時住んでいたマンションの押し入れに、所狭しと入っていて場所を取っていたのでした。

また、お菓子づくりが趣味なら、「クッキーづくりはもうしないのでクッキーの型を処分。ケーキは今もつくるので道具を残しておく」などと選んで残します。

手芸が趣味なら、「編み物はやるけど、刺繍は目が疲れるからもうやらない」など、手芸の中でもやりそうなものだけ残しましょう。

材料が多く段ボール箱１箱あるなら、紙袋１つに収まるよう選んで残します。

では手芸などの材料をどうやって手放すか。これもみなさん、頭を悩ませます。

同じ趣味の方から欲しいと言われて差し上げた方もいます。

ただ、同じようにたくさん持っていて困っている場合もあるので、潔く手放すことも大事です。

第４章　場所別片づけのポイント

片づけ習慣を身につけるためには「場所の順番」が大事

片づけやすい所から始めるのがポイントのスモールフィット片づけ。

ペン立て、化粧ポーチなどで肩慣らしをした後、早速1回1分場所別の片づけに取りかかりましょう。

スタートで大事なことは、**「片づける場所の順番」**です。

毎日1回1分という片づけ習慣を身につけるためには、**「すぐにできる」「取りかかりやすい」「成果が見えやすい」ことが大事**だからです。

なので、**最初は《玄関》から始めてください。**

玄関は、他の場所に比べ広くないので取りかかりやすく、成果が見えやすいのです。たとえば、

「ああ、きれいになった！」

「スッキリした！」

「なんか気持ちいい」

などという気持ちがすぐにわき上がるのが玄関なのです。すると、**「片づけは楽しい♪」という気持ちにスイッチが入ります**。

家の顔ともいえる玄関。まずはここをスッキリさせ、玄関から片づけ習慣を身につけていきましょう。

その次は、**《クローゼット・タンス》**です。片づけ講座を始めたばかりのとき、服は後のほうでお伝えしていたのですが、参加者さんが習うより先に片づけ始める人が続出（笑）。そのなかで、お悩みが一番多いのが服だと気づき、クローゼットを２番目にお話しすることにしています。

その後本書では、**《キッチン》《リビング》《書斎》《寝室》《洗面所・トイレ・バスルーム》**とご紹介しますが、まず片づけやすい玄関から取りかかり、その後は、気になるところを片づけてみましょう。

「思い出のものは後回し」にして、楽しく進めてくださいね。

《玄関》玄関はその家の顔だから、片づけのファーストステップ

玄関は、家に入ってはじめに目にするところ。帰ってきたときホッとできる空間にしておきましょう。来客もはじめに目にするのが玄関です。片づけ始めたばかりの人が、ご近所さんに玄関がスッキリしているのをほめられ、さらにやる気になったという声も多いのです。

また他の部屋に比べて狭く、基本的に靴が多い場所。そこまでアイテムが多岐に渡っていないので片づけやすく、はじめに片づけるのにぴったり。

玄関先で使うもの、外出先で使うものを置き、関係ないものは置かないことです。

また玄関は家族の目にもつきやすく、「自分が靴の整理をしていたら家族も履かない靴を捨ててくれた」という報告も多い場所です。

家族を、「いってらっしゃい」と送り出し、「お帰りなさい」と出迎えるのも玄関です。気持ちのよい空間にしましょう。

ポイント 「たたき」にある靴をしまう

まず手始めに玄関の「たたき」を片づけましょう。靴がずらりと並んでいませんか。靴がたくさん置いてあれば散らかって見え、少なければ片づいた印象を与えます。

「家族の人数＋１足」にします。３人家族なら、出しておく数は３足＋ゴミを出しに行くときのサンダル１足。

大事なのは家族にも協力してもらうこと。「家族が靴を出しっ放しで、片づけるのはいつも自分」という声をよく聞きますが、イライラが募るもの。家族には「１足出したら１足しまってね」と伝えましょう。

一晩汗を飛ばした後、下駄箱にしまうというサイクルにします。

じつはわが家では、夫に言ってもなかなかうまくいきませんでした。でも根気強く伝えたら、いつの間にかできるようになったのです。「できてるね！」とほめたこともよかったようで、今はすっかり定着しました。

たたきがすっきりすれば、掃除もしやすくなります。気づいたときにサッと１分で掃き掃除もしてしまいましょう。

ポイント 傷んだ靴を一足捨てる

次は下駄箱です。靴がぎゅうぎゅうに入っていると、見つけにくく、取り出しにくくなります。それに臭いの原因にもなります。靴を少し減らしましょう。

傷んでいる靴がないかチェックします。ヒールのかかとがめくれていたり、つま先が傷んでいる靴は、履いていても気分が上がらないもの。そんな靴をまず処分します。

よく、「直して履きます」という方もいてとてもいいと思いますが、その場合は、「1カ月以内に修理する」とし、それを過ぎたら処分と期限を決めます。そうでないとずっと直さずに下駄箱に眠ったままです。

私はブランド物のスニーカーの生地が傷み、数年履いていないのに、値段が高かったので処分できなかったのです。でも、場所をとるだけと気づき処分できました。

繰り返しますが、捨てるのは自分のもの。家族の靴は捨てないように。

また、「履くと痛い靴」があるとよく聞きますが、たいてい「これからも履かない」という答えが返ってきます。こちらも手放しましょう。

ポイント　錆びている、傷みのある傘を捨てる

傘立ての傘もたたきに置く靴のように、「家族の人数＋１」がおすすめです。１本は来客用です。なかには２人家族で５本、10本あるというお宅も少なくありません。

一本ずつ開いてみましょう。錆びて開きにくいという傘を見つけたら処分します。また、傘立てにたたまずに突っ込んである傘があれば、きれいにたたんで入れましょう。

ちなみにわが家の傘立ては４本までしか入らない形状で、３人家族のわが家にはぴったり。玄関で場所もとらずにコンパクトに収まっています。

また、「急な雨でビニール傘を買ってどんどんたまります。そんなときどうしてますか？」と聞かれることもあります。

私も以前よく買っていましたが、軽量の折りたたみ傘を常にバッグに入れるようにしてから、ビニール傘をまったく買わずにすんでいます。

余計な買い物をしないので節約にもなります。１本７００円位として、年間５本買えば１年で３５００円浮くという計算になります。

ポイント　靴を脱ぐ前にチラシを捨てる

あなたのお宅では、チラシがリビングのテーブルにちょい置きされていませんか。

よくポストから取り出したチラシがテーブルに山積みされ、「見栄えが悪いし、邪魔で困っている」というご相談をいただきます。

ではカンタンな解決策をご紹介します。**家に入って靴を脱ぐ前に、不要なチラシを玄関先で捨てる**のです。

たたきなどに、ゴミ箱や資源回収用の紙袋を用意しておき、不要なチラシを捨てましょう。いわば玄関先でシャットアウト。

1分もかからずできて、それでいて効果は抜群。いったん家に入れてしまうと、あとで何日分かまとめて処理するため時間をつくらないといけません。

それが玄関先で1分もかからずできるのです。

以前のわが家は、下駄箱の上やダイニングテーブルに山積みされていましたが、10年前からこの方法ですっきりです。

チラシ以外の郵便物に関しては、リビングの片づけのときにお話しします。

ポイント　下駄箱の上の古い飾り物を捨てる

下駄箱の上などにスペースがあるお宅は、飾り物、ちょい置きしたものなど雑然と置かれていることが多いもの。

その飾り物はいつから置いてありますか。ほこりをかぶっていませんか。もう思い出せないほど古いものもあるかもしれません。

玄関の目立つ場所なので、スッキリしていると片づいた印象になります。飾り物は、厳選したものだけが置いてあればセンス良く見えるはずです。

何となく置いたままになっている古い飾り物は処分しましょう。

また、この場所には鍵を置くことも多いと思います。定位置が決まっているのに戻し忘れると聞きます。その際、直に置くより、鍵が収まるようなボックスに入れると定置化しやすく、蓋がないほうが手間がなく、戻しやすくなります。

最後に安全面からもお話しします。東日本大震災のとき、仙台のわが家では下駄箱の上のスペースに置いた鏡が落下して粉々に割れ、片づけも大変でした。割れやすいものはできるだけ置かないことがおすすめです。

ポイント 玄関に関係のないものは移動、不要なものは処分する

玄関を入ってすぐの所に棚が設置されたお宅を見受けますが、一見便利そうですが気をつけないと物置になりがちです。

当初は外出に使うもの、園芸品など外で使うものを置く目的だったそうです。それがいつの間にか、玄関には関係のないものが置かれ、物置状態に。

季節外の飾り物や、手芸の造花の材料がぎゅうぎゅうに収められたお宅もありました。同様に下駄箱の中も注意が必要です。

玄関に関係のないものは移動するか、不要なものは処分しましょう。

お届け物も届いたら玄関に置きっ放しにせず、開けて適材適所に移動させましょう。わが家では開けたらすぐに段ボール箱をたたみ、玄関の定位置に立てかけ、資源回収の日に出せるような仕組みづくりをしています。

そのためにハサミ、カッター、ビニール紐、ガムテープをグループセットにしケースに入れ、下駄箱の中に入れています。荷づくりセットとしても活用中です。

ポイント　３年履いていない靴を捨てる

傷んでいる靴は捨てやすくても、きれいなままの靴は捨てにくいもの。でも、**３年履いていなければもう出番はない**はず。よくある例をいくつかご紹介します。

ロングブーツ。合わせるような服の装いをしなくなったという声が多く、私はサッと履けるショートブーツしか履かなくなったのが理由です。でも高かったので手放しにくいですがブーツは場所をとります。手放すと下駄箱に余裕が生まれます。

次にサンダル。シーズンごとに購入し、結果履いていないものもあるようです。私は夏も歩きやすいパンプスを裸足で履くので、サンダルは持っていません。

登山靴など用途が限られた靴は、もうやらなければ思い切って手放しましょう。靴は、結構古くなるとゴムが傷むなどダメージが出るものです。

参考までに私が持っている靴は、普段履くパンプス２足、冠婚葬祭用の黒いヒール靴、ショートブーツ、スニーカー、おしゃれなパンプス、この６足です。

以前は10足以上ありましたが、実際に履く数だけにしました。

下駄箱には、家族別に棚板ごとに分けて入れると取り出しやすくなります。

【玄関の1分片づけプラスαポイント】

・玄関の外にある、枯れた植物や余っている鉢を処分する
・子どもが小さいころ使ってたボールなどの遊び物、もう使わないレジャーグッズを処分する
・くたびれたスリッパを買い換える。お手頃価格でも新しいほうが来客、自宅用どちらも気持ちが良いもの
・「お出かけセット」をケースに入れ、まとめて玄関に置く。外出の際に探さずにすむ。例として
「夏用：帽子と日焼け防止手袋」
「冬用：手袋とマフラー」
・自分に合う「グループセット」をつくり、ケース入れ玄関へ。例として
「ただいまセット：衣類スプレーと洋服ブラシ」
「スニーカーを洗うセット：バケツとブラシと洗剤」
「草むしりセット：カマと軍手」
・「非常用持ち出し袋」を下駄箱など玄関に近いところに常備する

《クローゼット・タンス》お悩み一番の洋服。「捨てる理由」を決めてどんどん手放す

「いつか着るかも」「高かったから」「まだ着られる」。

そう思うと着てなくても手放せないもの。「片づけの悩み一番は洋服」という印象です。たくさんあっても、いつも着るのは大体同じ服。わかっていてもなかなか処分できませんが、「捨てる理由」を決めれば手放せるようになります。

まず、捨てやすいのは傷んだ服。襟、袖口が伸びてる、毛玉がもう取れない、着古した下着も同様です。そこから始めて「捨てグセ」を身につけましょう。そうすれば、「まだ着られる」服も、手放せるようになるはずです。

服が多いと選ぶ時間がかかりますが、減らせば朝の服選びも早くなります。

なお、部屋着に降格させても、「家でリラックスしにくい」など結局着てないという声も多いので、むやみに部屋着としてとっておかないようにしましょう。

ポイント　「いつか痩せたら着る服」を手放す

「いつか痩せたら着る」こう思う気持ち、よくわかります。私もきつくなったスカート、二の腕がきついジャケットも、痩せたら着ると思って、とっておきましたが、なかなかその日が訪れません（笑）。数年経ちデザインも古くなり、素敵に感じなくなり手放すことに。

それからは、**「きつい服＝着ない服」**とわかり、すぐに手放せるようになりました。今は袖を通して、きついなら即決。1分かからず処分できます。この考えはすっかり定着しました。

もしお気に入りであれば、**「3カ月後までに痩せて着る」**と決めるのもいいでしょう。「いつか痩せたら着る」という気持ちだと、私のようにその日は来ないようです。

仮に、何年後かにすっきり痩せたとして、果たして着るでしょうか。もうデザインも古くなっているかもしれません。

「痩せたら着る服」より、「痩せたらご褒美服」を新調しましょう。

ポイント 顔に当て、「似合わなくなっている服」を手放す

「年齢とともに似合わなくなった服がある」と私の経験を話すと、年代問わず多くの方が頷いてくださいます。

私自身、以前はそうでもなかったのですが、くすんだピンクだと顔色が悪く見えるようになりました。年齢とともに変わることを実感しています。

デザインも同じで、以前買った小花柄で襟にフリル、膝丈のワンピースを着て鏡で見たときのこと。若づくりにわれながら痛々しく感じ、即手放しました。

これは実際着てみたからわかったのです。クローゼットにかけてある服を見るだけでは気づかなかったことでしょう。

着なくても、手に取り鏡で顔に当てるだけでもイメージができます。

80代、90代の先輩方でショッキングピンクや赤を素敵に着こなす方を見ると憧れます。

今の自分が素敵に見える服をクローゼットに残しましょう。

ポイント　「手入れが面倒で着ない服」を手放す

クリーニングが必要な服は、出費になるので着なくなると聞きます。私も以前はそうでしたが、今は家で洗濯できる服を選んでいて、さっぱり着られるのもいい点です。要クリーニングの服は、着ていなかったのでほぼ手放しました。

服を多く持っていたリポーター時代は、要クリーニングの服が多く、その代金は月に1万円近くでした。今は洗濯機ＯＫの服も増え、ダウンコートも家で洗っています。

ところで、クリーニングを終えた服にかかっているビニールの袋は、どうしていますか。以前私は袋のまましまっていましたが、この袋は帰宅までの汚れ防止の袋なので、つけたままだと湿気がこもり、カビの原因にもなります。外して保管しましょう。

また、たまりがちなクリーニングのハンガーは、余分なものは捨てましょう。

お手入れの面倒さをなくす点でもうひとつ。アイロンがけ不要な服を選んで買っており、夫にもできる限りお願いしています。今どきは、そんなお手入れがラクな服が増え便利になったと実感します。

ポイント「タグつきのままの服」は外して着るか、売る

タグがついたままの服がクローゼットにありませんか。

私もやりがちでしたが、今は買ってきたらまずタグを外します。

タグがついた服があるなら、早速外して着るようにするか、**着ないならタグつきのままリサイクルショップやフリマアプリで売る**のも手です。

フリマアプリは手間もかかるので、ある程度の値段で売れそうなものに限定して販売など決めておくのがおすすめです。

「フリマアプリの山がある」とよく聞きますが、売る予定の服が山積みされているのだそうです。梱包する袋などのグッズも増えがちですからなおさらです。

ここで売る服を保管するうえで、意外な盲点をお話しします。

常に見える所に置かないこと。なんだか惜しくなり、引っ張り出してまた戻す方が結構多いのです。

服は、「買うのが楽しい」「買って満足」という声をよく聞きますが、不要な服を手放すと、買い物をするとき、むやみに増やさないよう意識するようになります。

ポイント「数年着ていないコート」を1着手放す

あなたはコートを何着お持ちですか。

ここでは冬用のコートを考えましょう。ダウンコートやロングコートなど、10着くらいお持ちの方も結構います。

でも実際に着ているのは「2〜3着」と言う方がほとんど。

着てないのに持ち続けている理由は、高かったし、もったいなくて手放せないという声が多いです。でもコートは他の服より場所をとります。

「数年着ていないコート」を1着手放してみましょう。

私が過去に手放したコートは、長すぎる、色が派手、重い、厚着をするときつい、ファスナーが固い、などという理由で着ていないコートでした。当てはまるものはありますか。

参考までに、今私の持っている冬のコートは2着。ダウンコートと黒のハーフコートです。

昨年までは3着持っていましたが、出番が少なかった1着は手放しました。仙台という比較的寒い地域に住んでいますが、2着でも問題なく冬を過ごしています。

ポイント　「使わない帽子、スカーフ、アクセサリー」を手放す

以前私は、「帽子」が好きでたくさん持っていました。でも被るのはたいてい同じもの。そこで、春夏、秋冬それぞれ１つずつ、計２つにしました。

被っていなかった帽子の理由は、微妙にきつい、ゆるい、つばが狭すぎる、広すぎる、服装に合わせにくい、折りたためずバッグに入らない、ということがわかり、この条件をクリアした帽子を買うようにしています。

同じく服飾品の「スカーフ」について考えてみます。手頃な値段なので増やしがち。私が手放したのは、柄がイマイチ、小さい、長すぎという理由で使用してないものです。

同じような理由で増やすものと言えば、「アクセサリー」です。

私はお手頃価格のものをどんどん増やし、それでいてお気に入りはもったいなくて使えず、そこまで好きでないものばかり使っていました。

そこで、お気に入りを残して他を思い切って手放したら、いつも好きなアクセサリーを身につけハッピー気分に。そのうえ、数も減り管理もしやすく、言うことなしです。

ポイント　「子どもに譲ろうと残していた服」を手放す

「娘に譲ろうと思っています」「いつか娘が着てくれるかも。だからとってます」。

お気持ちはわかるのですが、「いらないと言われた」と聞くことがほとんどです。

わが家の大学生の娘の例をお話しします。私が「この服着る？」と聞くと、まず「着ない」と言います。

以前私のコートを「着なくなったら欲しい」と言ってたので、翌年渡すと、「やっぱり着ない」と言われました（笑）。趣味が変わるようです。

お子さんが小学生の方から「子どもに譲りたい」と聞くこともありますが、着るのは約10年後。よく、「時代は巡りますよね」と言いますが、微妙に形は変わるもの。それまでずっとクローゼットの場所をとった挙句、「着ない」と言われたらかなり残念だと推測できます。

「子どもに譲るつもりの服」は基本的に手放しましょう。

また、子どもではないのですが、友人から習い事の発表会で着たドレスを「あげる」と言われ、断れずもらった方がいましたが、着る機会もなく場所もとるし困っていました。相手から「欲しい」と言われた場合を除き、「自分が処分する」と心がけましょう。

ポイント「たたんだ服」は立ててしまう

たたんだ服をタンスに重ねて入れると、上のほうの服ばかりを選んでしまいがちです。上から見て何があるかわかるよう、たたんだ服は立てて入れましょう。

そこでよくいただくご質問が、「いろいろなたたみ方がYouTubeで紹介されてますが、どのたたみ方がいいですか？」というものです。でも覚えるのが大変ですよね。

そこでおすすめのたたみ方は、**「自分のいつものたたみ方にプラスもう一回折るだけ」**。こうすればコンパクトになり、立てて収納が可能です。

タンスには、輪の部分を上にして立てて入れればOK。上から見て何が入っているかわかるようになります。

次に、ハンガーにかける服は、ブラウス、ジャケット、ワンピースなどアイテム別に分けてかけると服選びがしやすくなります。

靴下や下着は、「入れるだけ収納」でポンポンと入れましょう。引き出しの中にケースなどを入れ、靴下だけ、下着だけをそれぞれ入れます。種類分けする程度で、細かく分けすぎないことがラクにできるコツです。

ポイント「思い出の服」は選んで残す

「思い出のある服」は最後の最後にしましょう。捨てグセがついてからで大丈夫。

ポイントは、**「選んで残す」**ということ。

私も「結納のときに着たワンピース」など3着ほど「思い出の服」をとっています。「どの服も思い出がある」という方もいます。「初めてのデートで着た服」「仕事が成功したときに着てた服」。悩んでしまいますよね。

思い出の服は後まわしで大丈夫。

いつか、「選んで残す」ことができる日が来るものです。

それは何もしないと訪れませんが、何かしら捨てているうちに訓練されてできるようになります。

同様に、「旅先で買った服が捨てられない」とよく聞きます。私も、グアムで買った南国柄のワンピース、イギリスで買ったケープがそうでした。着る機会がないのに「旅先で買った服」という思い出で捨てられないのです。

でも10年程経ったころ、何度も「捨てるべきか」と迷ってる時間が無駄だと気づき、手放すことができました。

ポイント「高かった服」は捨てグセがついたら手放す

もう着ていないのに、「高かったから」と思うと手放せないもの。

「一生懸命働いて買った高価な服だから」と言う方もいて頷けます。

「思い出の服」と同じように、**捨てグセがつき、手放せるようになってから取りかかりましょう**。

高かった服といえば、友人の結婚式で着たドレスも同様です。

「もう、結婚式に出席する機会がなさそう」というものの、パーティードレスは高価で特別感があるので、とっておきたい気持ちに。

でも、もし次に機会があったとしても着るでしょうか。

私は、「このドレスで結婚式やパーティーに出席するか？」と考えたとき、「高かったけど、古くて何だかヘン」と気づき、手放すことができました。

ポイント 「使っていないバッグ」は、種類ごとに1個減らす

バッグが好きでたくさん持っている方は多いもの。一度一カ所に集めてみましょう。以前片づけサポートをしたお宅では、ウォークインクローゼットの手前から、奥から、上から、たくさん出てきました。

箱に入っているもの、布に入っているもの、小さなバッグは箱にひとまとめにされているものもあり、クライアントさんは「こんなのがあったんだ！」と気づいていました。買って満足してしまっていたのかもしれません。

まずは種類ごとに分けてみましょう。ハンドバッグ、ショルダーバッグ、トートバッグ、リュック、ポシェット、子どもの入学式用に買ったバッグ、冠婚葬祭用……、このクライアントさんはそれぞれ約5個ずつ持っていました。

その中から、好きなものを2～3個選んで残してみましょう。難しければ**種類ごとに1個減らす**だけでもかまいません。基本的に箱に入れたままにすると場所をとりますし忘れるので、出して保管しましょう。

また、エコバッグも増えやすいので注意。思い出のあるバッグは、ムリをしなくてもいいですが、基本的に使うもの以外手放すようにしましょう。

【クローゼット・タンスの１分片づけプラスαポイント】

・下着の入れ替えどきは、「年末」や「新年度」にすれば忘れず、気持ちよく使える
・服を手放すときリサイクルを考える
「手軽に資源回収に出す」
「さまざまなショップで行っている古着回収サービスの利用」
「リサイクルショップやフリマアプリ」
「寄付する（バザー、古着回収をして再利用している団体）」
・「１回着ただけで洗濯しない服」はクローゼットの外にかける場所をつくり、布用スプレーを吹きかけたり、１日湿気を飛ばしてからクローゼットに入れる
・「お直しして着る」という服は、お直し料金をかけてまで残すべきか考えると、たいてい手放してもいいと気づく
・着物は買ったとき高くても売るときは安いものと納得して売るか、「人形づくりなど手芸で使う人」「踊りを習っている人」など、欲しい人、もらって喜ぶ人がいたら譲ったり、あげる

《キッチン》「エリア別」に片づけ、「手前と奥」「高さ」を意識してしまうだけ

キッチンはそう広くない割にものが多く、不要なものがどんどん出てくる場所です。キッチンのスモールフィット片づけは、「エリア別」に分けて片づけます。箸・スプーンの引き出し、食品ストック、シンク下、コンロ下、食器など分けて片づけます。「箸・スプーンの引き出し」から始めるのがおすすめ。狭くて浅いので片づけやすい場所です。その後は気になるところから進めましょう。

収納は、「手前と奥」「高さ」を意識すると取り出しやすくなります。よく使うものを手前に、あまり使わないものを奥へ。

高さについては食器棚でたとえると、よく使うものを中段に、次に使うものや重いものは下段、季節のものなどあまり使わないものは上段へ入れます。

よく使うものが膝を曲げずに取り出せます。キッチンが片づいていると、二度買い、賞味期限切れを防げるだけでなく、料理や後片づけの時短になります。

ポイント **コンビニでもらった割り箸、スプーン、フォークを捨てる**

コンビニでもらう割り箸やスプーン、フォークがたまっていませんか。**持ちすぎていたらどんどん使うか処分。**

非常用持ち出し袋に入れてもいいでしょう。

次は、持っている箸、スプーン、フォークの中で、古くなったり、傷みのあるものはありませんか。

箸の先が剥がれている、スプーンやフォークが黒ずんでいるものなどは処分しましょう。

傷んでなくても、持ちすぎているカトラリーについても考えてみましょう。以前は来客が多くいらしていても、今はそんなに多くないという声も聞きます。

「家族の人数＋マックスの来客数分」があれば十分です。

食事までお出しすることはないというお宅も最近は増えています。おもてなしはお茶のみの場合を考えてみましょう。たとえば、３人家族でお客さまは多くて３人だとしたら、６本ということです。

持っている種類を全部６本ずつではなく、お客さまにケーキやゼリーをお出しする小さなスプーンとフォークだけ６本ずつあれば十分と考えましょう。

ポイント 多すぎるボウル、ザル、鍋を捨てる

ボウルやザルは何個ありますか。多すぎるなら傷みのあるものを処分します。どちらとも10個ずつあるという方は、料理の用途に合わせて持っているとのこと。あれば便利なんでしょうが、なくても他のもので代用できることも多いはず。収納は、シンク下など使う場所の近くに入れるとすぐに取り出せます。

次に、鍋やフライパンはいくつありますか。鍋を10個位お持ちの方が結構います。でも「圧力鍋はほとんど使わない」「パスタ鍋は他のもので代用できる」「すき焼き鍋は子どもが巣立ち使わなくなった」など、最近使っていないものがあるようです。そんな使用してない鍋を手放しましょう。

私は現在、片手鍋しか持っておらず、カレーをつくるときなどは深めのフライパンでつくっています。

またフライパンも、いつも同じサイズしか使ってないという声も聞きます。卵焼き用フライパンが2つもあったなんて声も。使いやすいほうだけ残しましょう。

よく使うものは手前、あまり使わないものは奥に入れると取り出しやすくなります。

ポイント　保存容器の数を減らす

保存容器はつい増やしがち。30個位お持ちの方も多く、70個という方もいました。かさばるものですし、多すぎる場合は減らしましょう。

まず、汚れやにおいが取れなくなっているものを処分します。

そして、何個あれば足りるかを考えてみます。

私は４個あれば十分なので、その数しか持ちません。

料理を保存するとき、誰かに料理を渡すとき、たくさん必要だと思っていた方も、「確かに5〜6個あれば十分」とほとんどの方が言います。

同じく、使っていないお弁当箱、水筒はありませんか。よくキッチンの吊戸棚からいくつか出てきます。

もう使わない自分のものもあれば、お子さんの幼稚園からの歴代のものをお持ちの方は多くいます。

思い出で取っておきたい気持ちもわかりますが、狭いキッチンでかさばります。選んで残しておきましょう。

ポイント 食品ストックの賞味期限切れを処分する

意外に賞味期限切れの食品はあるものです。

期限が近いものを見つけたら、手前のほうに入れて早めに食べ切りましょう。

食品ストックを収納する際は、ケースなどで仕切り、立てて食品庫に入れると何が入っているか一目でわかり、うっかり同じものを買うことを防げます。

また、ちょっと変わった調味料は余すことが多いもの。

私も一度しか使ってないものが多くありました。結局余らせるので今は買わないようにしています。

よく調味料やコーヒーなどを、キッチンカウンターや調理台にたくさん並べているお宅があり、わが家も以前はそうでした。

すぐ取り出せてラクだと思ってましたが、油ハネしやすく、ほこりもつきやすいという欠点があります。そして、なんといっても場所が狭くなりますし、ごちゃごちゃして見えてしまいます。

よく使う調味料だけ出しておき、他はしまっておきましょう。

ポイント　使ってない便利グッズ、調理道具・家電を手放す

１００円ショップや通販番組で、「便利そう」と思って買った「便利グッズ」が、意外にそうでもなかったという経験はありませんか。

私も「これがあれば料理がうまくいきそう」と思って買ったのに、結局使わずじまい。人によって便利だと感じるものは違うので、不要なものは場所をとるだけなので処分しましょう。

また、「使わない調理道具、他のもので代用できそうな調理道具」はありませんか。たとえば私が手放した計量スプーンは、大小のスプーンで代用しています。ものが少ないと引き出しから取り出しやすくなります。いくつか同じものを持っている場合は、使いやすいひとつに絞りましょう。

それから、以前は使っていたけど、「今は出番のない調理家電」はありませんか。「ホームベーカリーは最初よく使っていたけど、今はほこりをかぶってる」「かき氷機は子どもが大きくなり使わなくなった」など。

わが家は、コーヒーマシーンを購入しましたが使ったのは最初だけ。来客用にしばらく残しておきましたが、結局使わなかったため処分しました。

【キッチンの1分片づけプラスαポイント】

・食卓にグラスを置きっ放しにせず、キッチンへ持って行く
・水切りかごに入っている食器は、立ったついでなど隙間時間に食器棚にしまう
・牛乳パックをためこまないために、まな板代わりにして使い切るのも手
・冷蔵庫に貼ってある、もう用の済んだお知らせの紙を捨てる。できれば目立たない側面に貼り、「3枚まで」などと数を決める
・買い物後、豆腐や納豆などの複数個まとめてあるフィルムを外してから冷蔵庫へ。使うときにすぐ取り出せる
・生鮮食品以外の買い物袋も、その日のうちに袋から取り出し収納
・布巾の代わりに「洗って使えるペーパータオル」を使うことで、煮沸消毒、天日干しなど管理の手間をなくす
・冷蔵庫の片づけは気楽に一段ずつ行い、早く食べ切るものを手前に置く
・ランチョンマット、箸置き、鍋つかみが必要以上にあれば処分する
・食器は手放しにくいもの。おまけでもらったグラスや食器から処分。重すぎる大皿もしばらく使ってなければ手放す対象に

《リビング》「床置き」「ごちゃごちゃ」をなくしてリラックス空間に

「くつろげる空間にしたい」多くの人がそう思っています。実際は、リビングにいると「散かっていて気になる」「片づけなきゃと思ってストレスになる」と言います。

私自身も同じでした。リビングが片づくとそんなストレスがなくなるだけでなく、ゆったりくつろげる癒しのパワースポットになりました。

リビングは家族共有で使うものもあれば、私物も多いもの。大事なのは、「リビングで使うものだけを置く」ことです。

さて、リビングのスモールフィット片づけは、テーブル、ソファー、棚、床、と分けて行います。一角だけでも落ち着く空間をつくり出しましょう。

「片づけても元に戻る」「せっかく片づけても家族が散らかす」そんなお悩みは、片づけやすい仕組みで解決できます。キープしやすい仕組みをつくりましょう。

ポイント 無造作にテーブルにあるものをひとまとめにする

リビングは、小さい箇所である「テーブル」から片づけましょう。まず、ペン立ての中の書けないペンを処分し、あまり使わないペンはしまいましょう。「テーブルに何でもかんでも置いてしまう」という声をよく聞きます。郵便物、サプリ、お菓子などなど。まずケースにひとまとめに。そして隙間時間に不要なものを捨て、食べかけのお菓子ならキッチンなど定位置を決めて戻します。

開封してない封筒があったら、早速開けて中身を確認します。もう用が済んだ書類はどんどん捨てましょう。

新聞紙をたたみ、その日の新聞以外は棚など定位置を決めて入れます。紙類は積み重ねるとわからなくなるので、ファイルボックスに投げ込むだけでもOK。隙間時間に不要なものを捨て、必要なものはクリアホルダーにインデックスをつけて、「紙類は立てて収納」を合言葉にします。

ものの定位置をすべて決めるのは大変なので、スマートフォン、テレビのリモコンなど、よく使うものの定位置をまず決めておくと、探し物が減りストレスも減ります。

ポイント ソファーへのちょい置きは、動線と習慣化でなくせる

ソファーに、上着、本などが置いてありませんか？　くつろぐためのソファーがいつの間にか、ものが置かれるスペースになってしまっています。**置いてしまう原因を取り除けば解決します。**

たとえば、ソファーに上着をバサッと置いてしまう場合は、玄関のフックなどにかけるようにします。すでに玄関のフックに服がいっぱいなら、今の季節に着るもの以外はクローゼットにしまいましょう。

本や雑誌をソファーに置いたままにする場合は、本棚がちょっと離れた場所にあることが多いもの。座ったまま戻せる場所にマガジンラックを設置すれば解決。

ついソファーに洗濯物を一時置きする、という声をよく聞きます。私も以前は取り込んでそのまま山積みしたり、たたみ終わっても置いたままにしていましたが、洗濯物を立ってたたむことを習慣化してからその悩みはなくなりました。

チャチャッと立ってたたみ、その足ですぐにタンスに持って行く流れをつくっています。すぐできないときも、「30分以内にしまう」とルール化して置きっ放しを防ぎます。

ポイント テレビ台に置くものは厳選する

テレビ台は目立ちますから、すっきりさせておきます。ついうっかり書類を置きがちですが、置かないようにします。

また、「飾り物」を置いている場合、「もう終わった季節のもの」がそのままの場合もあるので注意しましょう。

飾るものは厳選して置きます。

テレビ台まわりにＤＶＤ、ゲーム機が散らかっていることもあります。「ケースやかご、引き出しに入れる」などして、まとめておきましょう。

「テレビを見ながら拭き掃除」もおすすめです。

うっかりものが置かれる所として他に、「ピアノの上」があります。

本、文具、洗濯物など、ちょうどいい棚代わりになっているお宅も多く、もはやピアノが弾けない状況になっているので、注意しましょう。

ポイント 床をきれいにするのは「家族ごとボックス」

床にものが多い場合は、「何から片づけていいかわからない」という声をよく聞きますが、スモールフィット片づけは、「ひと山ずつ片づける」と考えます。

家族の私物がリビングに持ち込まれるのが悩みだとよく聞きますが、床に置かれがち。

どこかに収めたくても、既に棚、引き出しはいっぱいです。

そこでおすすめなのは、「家族ごとボックス」。

その中に私物をポンポンと入れてもらうのです。あとは各々自分で管理してもらいます。

わが家では夫用がありますが、私物を置きがちな人に準備します。

ボックスは、大きすぎず小さすぎず、浅すぎず深すぎず、スクエア型だと無駄なく入ります。

取っ手がついていると移動しやすくて便利。

家族ごとボックスは、簡単でそれでいて床置きされにくくなります。

【リビングの1分片づけプラスαポイント】

・「薬箱」をチェックし、使用期限が切れた薬を処分する
・カーテンレールにかかっている服をクローゼットに移動させる
・バッグの中のメモを書いた紙くず、飴の包み紙などゴミを捨てる
・本の付録でもらった使わないものを捨てる
・無造作に置かれた段ボール箱を処分する
・所狭しとテーブルの下に置いてあるものを片づける
・置きっ放しにしてる買い物袋から、購入したものを取り出す
・「ゴミ箱」が半分までたまったら捨てる
・「リビングで使わないもの」を見つけたら移動させる
・壊れてもうない家電の取扱説明書、古いフリーペーパーなど不要な紙ものを処分する
・3カ月使ってない「ポイントカード」を捨てる
・棚、引き出しの中にある不要なものを捨てる

《書斎》物置をやめて、仕事や趣味などに集中できる空間に

書斎をつくろうと思ったとき、住まいに書斎があると知ったとき、とてもワクワクしたことだと思います。

「男の城」「自分だけの隠れ家」「趣味を楽しむ空間」「仕事がサクサク進む場所」など夢を思い描いたことだと思います。それがいつしか物置と化する場合が多くあります。テレワークもなんだか落ち着かないという声も聞きます。

せっかくの素敵な空間ですし、その場所にも家賃、土地代がかかっているわけですから、きれいに片づけて、本来の「書斎」として機能するよう、仕事や趣味、テレワークしやすい空間に生まれ変わらせましょう。

よく大量の書類が出てくる場合がありますが、不要な書類が多い印象です。そう広い場所ではないので、他の部屋に比べて時間はかかりません。

片づけはいっぺんに行わずに、机、本棚、床など分けて片づけましょう。

【書斎の1回1分片づけルーティンポイント】

・置きっぱなしの飲み終わったペットボトルを捨てる
・ペンが大量にあることが多いので、書けないペンを捨てる
・文具は、よく使うものだけを机の上に置き、その他のものをしまう
・机の上の細々したものはケースにひとまとめにする
・よく使う書類は机の上に、あまり見ない書類は棚などへ。使用頻度で分ける
・壁などに貼られた用事の済んだ紙を捨てる
・プリンターの上にものが置かれていたら片づける
・空箱は、とっておかないで処分する
・トレーニング器具が場所をとっていたら、邪魔にならない位置に移動させる
・本棚の読まない本を処分し、横に積まれた本を立て、何の本かわかるようにする
・壊れた家電が置きっ放しなら処分する

《寝室》
1日の疲れを癒す場所を整理することで、安心・安全も手に入る

その日の疲れを癒すのが寝室です。寝室にものがたくさんあると、寝る間際にいろいろなものが目に飛び込んで来て気持ちが休まりません。

また、就寝中に地震があった際に大変危険です。

自分や家族の身を守るためにも寝室の片づけは大事です。床にものが置いてあると避難時に危険なので、押し入れやクローゼットに入れるといいですが、すでにいっぱいなら、押し入れにある不要なものを手放し、空いた所に入れましょう。

では、手放せそうなものは何でしょうか。たとえば、子どもの思い出の品がたくさんある場合、「衣装ケース2つ分」などと決め、選んで残します。

趣味の材料や道具に関しても、今後やる予定がないものは手放すか、「紙袋1つ分」など選んで残し、コンパクトにします。

そうして空いた押し入れのスペースに床に置いてあるものを移しましょう。

【寝室の1回1分片づけルーティンポイント】

・朝、窓を開け換気し、軽くベッドメイクをする
・ベッドの上に置いた服はタンスに入れる
・ベッドの近くに倒れる危険のあるものはないか、配置をチェックする
・地震で扉が開かなくなる危険があるため、扉付近に置いてあるものを移動させる
・ドレッサーの足元に積んである不要なものを捨てる
・床置きしているものを端に寄せる
・タンスの上に置いた箱など落ちると危険なものを下ろす
・いただき物の箱入りのタオルなどを開け、古いものと入れ換える
・古い扇風機があれば処分する（扇風機の寿命はメーカーによると10年とのこと）
・枕元に懐中電灯やホイッスルを置いておけば安心・安全につながる

《洗面所・トイレ・バスルーム》水回りを整えれば、生活のリズムが整う

毎日何度も使う場所なので、整っていれば気持ちがいいですよね。ものを取り出すのもラクですし、掃除の時間短縮につながり、生活のリズムが整います。

水回りに関して、「洗面所・トイレ・バスルーム」の3カ所をお話しします。

まず洗面所です。洗面台は余計なものを置かなければ掃除がしやすく衛生的です。化粧品、ヘアケア用品など出しておかないようにします。

また、床にものが置いてあると洗濯のときに邪魔で、結果として洗濯が面倒になります。片づいていればストレスなく出入りしたり、ものを取り出せて洗濯が苦にならないでしょう。

トイレは汚れやすいので衛生的に保つために、片づけておきましょう。

バスルームは、カビが生えやすい場所。汚れてから掃除をすると面倒ですが、ものを減らしておけば日々掃除がしやすく、汚れをためにくくなります。

【洗面所・トイレ・バスルームの1回1分片づけルーティンポイント】

・歯磨きついでに洗面台の鏡を拭く
・もう使わないアイシャドウ、口紅を捨てる
・いつもらったかわからないホテルのアメニティーを捨てる
・ヘアケア用品、衛生用品など使わないものを捨てる
・香りが趣味でなくて余らせてる洗剤を処分する
・洗剤のストックは「1本」などと決めておくと、安い時の買いすぎを防げる
・タオルは「輪」の部分が見えるようにたたむときれいに見えて取りやすい
・トイレに置いた飾り物は掃除がしにくくなるので処分する
・使用するたびに、便座、床、壁を一カ所ずつ拭く
・トイレットペーパーのストックが場所を圧迫するほど数を持ちすぎない
・バスルームの排水溝の髪の毛をとる
・使ってないシャンプーを捨てる

コラム④「思い出の写真」の片づけは最後に

写真の整理は思い出が詰まっていて難しいので、最後の最後に行いましょう。

最近はスマホのカメラで撮影することが多いと思いますが、昔撮った紙の写真が多いのではないでしょうか。スキャンする方法もありますが、ここでは紙の写真の手放し方についてお話しします。

整理する順番は、自分の写真から始めますが、はじめに子どもの写真整理のワンポイントアドバイス。

以前私は子どもの写真をアルバムに収めた際、生後6カ月か8カ月なのか悩み、整理が嫌になった経験があるので、「大体このあたり」がおすすめです。

子どもの写真はどれも捨てられず難しいですから、まず自分の写真から先に整理しておきましょう。自分しかわからないものから先に始めることです。

私はまず、会社員時代の写真を整理しました。30年以上前になるので、もう誰もつながりがないこともあり、数枚残し処分できました。

その他、私の幼少期はもともと1冊のみ。子どものころは少ないと思ってましたが、今になれば整理する必要がなくてありがたくも感じます 笑。

また、学生時代が1冊、フリーアナウンサー時代が2冊、そこまで多くありません。

ただ結婚披露宴など、大きなイベントとなるとアルバムが何冊もあります。種類では分けてあるので、あとは同じような写真から、ベスト写真を選んで残す予定です。


子育て世代の参加者さんで写真整理をした方が、こうおっしゃってました。

「写真は結局自分が見て楽しむもの」

確かに、私の昔の写真をたくさん残されたら、娘が困ることが想像できます。

遺品整理された方から、**「親のアルバムは申し訳ないけど見ないで処分した」**と聞きます。遺品整理そのものが大変ですから、仕方のないことでしょう。

やはり**「写真は自分の手で整理をする」**のが、本人にも家族にもベストだと感じます。

私の母は健在ですが、自分と亡き夫（私の父）の写真をアルバム１冊にまとめました。

私も見習って整理をしたいと思います。

第5章

【体験談】スッキリした住まいで、人生がきらめきだす！

子どもが巣立った寂しさは、片づけが救ってくれた

（女性・50代・パート）

片づけレッスンを受けているAさんは初回、

「いつも休みの日に片づけようと思うんです。それなのに今日も片づけられなかった、時間があったのに何やってんだろうって落ち込みます」

と辛い胸の内を話してくださいました。

ものが多いというAさん。深夜のテレビ通販でよく買い物をされているのだそう。化粧品、鍋、家電、靴、服、サプリなど月に10万円位になることもよくあります。なかには、使っていない化粧品も多数。便利だと思って買った調理道具は、結局使わないものも。靴は同じものを3足セットで買ったこともありました。

「安いからってつい……」「でも結局使ってないから無駄ですよね」「買い物はワクワクして楽しくって」。

でも、「買うのが楽しい」「買って満足してた」と気づきました。子どももも巣立ち、何だか自分が取り残されたようで寂しさを感じていたそうです。

ところが、片づけ始めたら心地よい疲れで夜はすぐに眠くなり、深夜のテレビ通販も見なくなったそう。

「そういえば、最近買い物をしてない」とハッとされました。普段の生活でも、ものを増やさないよう意識も変わりました。

「ものが取り出しやすくなったのが嬉しくて」と効果が感じられるとどんどん進み、リビング、キッチン、客間とどんどん片づいてきています。

「家がスッキリしてきたら、モヤモヤが減りました」

会うごとに明るく、自信が感じられるようになったAさん。

持ち前の優しいお人柄で、これから素敵な人生が待っていることでしょう。

これならできる！　片づけは準備体操から

（女性・50代）

「家にある荷物を一気に片づけなくてはと思うと、気が重い。でもスモールフィット片づけは、ペン立てからでいいっていうんだもの。それならできるって始めたの」

そうおっしゃるのはBさん。私の本やYouTubeを見てくださっています。

「先生の爽やかな話し方がやる気になるの。だって、じと〜っと『片づけないと大変な目に遭いますよ』って言われたら暗い気持ちになるじゃない!?」と明るくおっしゃいます。

「小さい引き出しを片づけたら、ああ次も片づけたいって思うのよ！　それを繰り返したら本当にすっきりしたんだから！」

「まず片づけは準備体操からってことね」

「『思い出のものは後まわし』って本当にそうよね。写真なんて見だしたら懐かしいわって終わらないものね！」と笑います。

おうちがスッキリしたというBさんですが、事務所を兼ねた自宅だそうで、お仕事柄悩みは、事務所スペースの書類だそう。

「いつもスマートフォンがないないって、探すと紙の下に隠れてるのよ」

「探しものをしてる時間って、本当に無駄な時間だわ〜」とのこと。

「仕事上の書類って10年前のも捨てられないの」とおっしゃいます。

聞いてみると、最近の書類と10年前のものが混在しているのだとか。そこで最近のものと古いものを分け、古い書類は他の棚にしまうようアドバイス。

「そうなの？　種類で分けるとばかり思ってたわ」

そのうえで古いものは別にすると、今使いたい書類がサッと取り出しやすくなります。早速試したら、書類を探さなくなり無駄な時間も減ったそう。スマホも迷子にならなくなったと笑顔で話します。

まわりを明るく楽しませてくれるBさん。さらにお仕事も充実されることでしょう。

「捨てることは親不孝」から「ものを活かして人の役に立とう」

（女性・60代・主婦）

カルチャー講座に参加されていたCさんは、「ものを捨てることへの罪悪感」がとてもありました。大正生まれのお母さまの影響があり、Cさんの片づけは悩みの連続だったそうです。時代背景もあり、「捨てる」ことをとても嫌っていたお母さまはものが多く、ものに対する価値観の違いもあり、悩むことが多かったそうです。

お母さまの亡きあと、遺品整理をするのに時間を要しました。思い出あるお母さまのものを手放すだけでも心が痛いのに、やっとの思いで手放した後も、「ものを手放したことは、亡くなった母を悲しませることではないか」そう思い、苦しんでいました。

Cさんはそんな気持ちを抱え、私の片づけ講座に参加してくださいました。

必要な方に少しでも役立てていただきたいという思いから、積極的にリサイクルを活用しているＣさん。でもお母さまへの罪悪感がぬぐえず辛い様子です。私は、「次の方の手に渡って、ものも喜んでいるはず。お母さまもきっと喜んでいますね」

とお伝えしました。Ｃさんは、

「その言葉に救われた思いがしました」

「ものを手放したことは、亡くなった母を悲しませる親不孝だったのではないかと苦しんでいたからです。先生は私にとって恩人です」

とおっしゃってくださいました。

Ｃさんは、先日児童福祉施設のバザーに出品した際、主催の方から感謝のお手紙をいただいたと嬉しそうに見せてくださいました。他にも、地域の子ども会の活動資金に充てていただけるよう衣類やタオルを寄付されています。

また、災害の被災者の方が、ストーブを求めていると知り、窓口を通じて自宅にあった未使用ストーブを寄付されるなど立派な活動をされています。

そんなＣさんをお母さまは誇りに思っていらっしゃることでしょう。

自分が片づけ始めたことで、家族も変わった

（女性・40代・会社員）

「とても散らかっているんです」と、片づけサポートの依頼をくださったDさん。お邪魔すると、キッチン、ダイニング、リビング、和室ともに床にもものが多くありました。

Dさんは、「私だけが片づけるのは納得がいかなくて……」と辛そうな表情で言い、なかなか片づける気にならなかったそうです。

はじめにキッチンを片づけました。すっきりしたキッチンを見て、帰宅後ご主人は、「ダイニングで食卓を囲みたい」と希望を口にされました。

というのも、ダイニングテーブルの上にはものがあふれていたため、テーブルで数年食事ができず、リビングの小さなちゃぶ台で食事をしていたそうです。

テーブルがきれいになると、夜は家族で食卓を囲み、「食事中に家族で会話な

んて久しぶり」と嬉しそうに話してくれました。

会うごとに明るい表情になってきたＤさん。リビングの片づけに移ると床に家族の私物がたくさんあり、Ｄさんと、「ひと山ずつ片づける」を合言葉に頑張りました。

ご主人のものに関しても許可を得て、他の場所に移動するなどご主人も協力してくれました。

途中で、娘さんも一緒に片づけてくれることになり、Ｄさんは、娘さんに片づけのやり方を教えていて、とても微笑ましい光景でした。

ほどなくすると、娘さんが初めてお友達を家に呼んだり、自分の部屋づくりを楽しむなどさまざまな変化がありました。

家事の手伝いもするようになり、Ｄさんは、「自分が片づけ始めたことで、家族も変わった」と気づきました。

今Ｄさんは、「『自分が片づけたいから片づける』。そう決めたら気がラクになり、部屋の模様替えを楽しんでいます」と素敵な笑顔で話してくださいました。

片づけは、自分の人生をよりよく幸せに生きる方法

（女性・40代・会社員）

引越しを機に講座を受講されたEさんから、嬉しいメールが届きました。

――引越しにより収納が激減するので、それまでの暮らしを見直す必要があったので受講しました。

ものを捨て、そのプロセスで、ときに苦しく感じることがありました。しかし、阿部先生から学んだことがあらゆる局面で大きな助けになりました。

夫の持ち物が非常に多かったのですが、とにかく絶対に干渉しないと決め、自分のもの、子どものものに専念して片づけを進めていきました。

すると夫の心境に大きな変化が起こり、いつの間にか自発的にものを見直してくれるようになりました！

娘へもいい影響があり、ものの定位置が決まれば、ササっと自分で必要なものを取り出し、元の場所へ戻せるようになりました。
ものの定位置さえ決まれば、娘は自発的に元に戻せるのだということに気がつきました。

今では家族みんな、着実にすっきりした暮らしに近づいてきていると実感しています。暮らしがスッキリしてくると、自分があまり疲れなくなったり、本当に大切なものに敏感になれたり、自分のために新しいことにチャレンジする力がわいたり、といった副産物があったのです。新しい資格を取得し活動も始めています。

阿部先生から学んだことは「片づけの技術」でしたが、それは私にとって、「自分の人生をより良く幸せに生きるための方法」であったように思います。阿部先生に出会えたこと、学べたこと、本当にありがたく幸せなことでした。――

Ｅさんから、ご家族を大事にされている様子が伝わってきます。これからご家族でさらなるハッピーな暮らしが待っていることでしょう。

失敗を経て、親に感謝された実家の片づけ

（女性・40代・医療関係）

講座を受講後、ご実家の片づけをされたFさんが、メールを寄せてくださいました。

——数年前に実家の片づけを一度試みましたが失敗してます。良かれと思ってやったのですが、母の意見は聞かずに勝手にものを処分して、母が怒ってそこで終了。何年も片づけという言葉は気まずくて言い出せない状態でした。

今回はその経験と、先生から学ばせていただいた「ものの価値は持ち主が決める。あくまで母のペース、母の気持ちを最優先に」を尊重しました。

その結果、婚礼タンス2棹《さお》、背丈以上のタンス1棹を手放すことができ、大きな地震のときに寝室の扉をふさぐことがなくなりました。

その他、衣装ケース6つ、靴箱、その他山ほどのしまい込まれたままの食器棚

１つとサヨナラすることができました。

母がどうしても捨てられなかったものがあります。何十年も前のピクニックセットが新品のまま３つありました。ずっと仕事が忙しくて行けなかったけど、子どもたちを連れて行きたかったのだそう。

そんな母の気持ちを知ることができました。先生が、「思い出のものは捨てなくていい」とおっしゃっていたので残すことにしました。

家の中が片づくと、母から「片づけしてくれてありがとう」と言ってもらえました。数年前には、片づけ方法もわからず、母の気持ちを無視して大失敗しましたが、先生から片づけを教わり、大成功しました。

わが家では結婚10周年を迎え、「夫婦そろって片づけに関しても同じ方向を向かない？」と夫にも阿部先生の講座をすすめました。受講後、早速夫も片づけを始めてくれてます。今後二人でより暮らしやすい毎日をつくって行けたらと思います。子どもが中学生になるころ、阿部先生のお宅のように美しくなるのが目標です。――

優しく素敵なご夫婦。きっとご家族にさらなるハッピーが広がることでしょう。

ものにも人にも執着しなくなりました

（女性・60代・パート）

カルチャー講座を受講してくださったGさんは、

「とにかく何も捨てられないんです」

そう困った顔でおっしゃいました。そんなGさんですが、まず玄関を片づけてすっきりさせたら、ご近所さんからほめられ、やる気になってきました。

洋服が特に捨てられないようなので、具体的な数字や期限をお示ししました。

「昔流行ったワンピースは丈を直して着たほうがいいでしょうか？」

「あと1カ月直さなかったら手放しましょう」

そうすると、少しずつ手放せるようになってきたのです。

二階建てのGさんのお宅では、こんな悩みがありました。階段にものが置かれて、二階に上がるのも危ないとのことでした。私は、「階段一段ずつ片づけましょう」と伝えて、一段、二段、三段……と片づき、階段が全部片づいたときは、一緒に喜び合いました。

そうしてスモールフィット片づけですっきりしてきたら、ご家族から、「家がきれいで気持ちがいいね。散らかせなくなったよ」という声が聞かれるように。

さらに、普段ほめないというお姑さんが、「ありがとう」と言ってくれたと嬉しそうに話してくださいました。

「お陰さまで、玄関、台所、廊下、洗面所、お風呂場、テレビ回り、大きな棚、駐車場がぜんぶ片づきました！ すべて10年以上手つかずだったところです。捨てたら後悔するかも？ と思っていた服は、捨てた後、１ミリも後悔がありません。今まで何十年もまったく整理整頓できなかった私を、先生のハッピーお片づけ講座が変えてくださいました」とさまざまな効果を感じているＧさん。

そして、

「不要なものを手放したら、ものにも人にも執着しなくなったんです」

と輝く笑顔で話してくださいました。

お孫さんを呼べる家に大変身！

（女性・80代）

「もしものとき、散らかった部屋を他人に見られたくない。娘に迷惑をかけたくない。たとえ旅行中でも気になる」

そう言って辛い表情でカルチャー講座にいらした当時70代のHさん。

お一人で暮らしていますが、お孫さんに、「おばあちゃんの家は、どうして汚いの？」と言われてからは、玄関先でしか話ができなくなりました。

キッチンも散らかっているので、料理もあまりしなくなったそう。でも、「食器は捨てたくない」と言います。じつは料理が好きで、以前は友人に振舞っていたんだそう。

そこで目標を、「片づけてホームパーティーをする」としました。

そこからどんどん片づけ、着ない服、バッグ、客用布団などを手放しました。

教会バザーに寄付をしたのは、「戦後の恩を返したい」という思いがあったからです。その後、目標のホームパーティーも実現し、食器も少しずつ手放せるようになりました。

片づけていたら、思わぬ嬉しいことがありました。探していた大事な手紙が見つかったのです。75年前にお父さまがお母さまに送った手紙です。すぐ神棚に飾りました。「片づけられない自分はだらしないってずっと思ってました。片づけられたら、初めて自分に自信が持てました」とおっしゃいます。

現在は、お孫さんを家に呼べるようになり、また習い事も楽しみ充実した人生を送ってます。しばらくして、Hさんから「もっと使いやすい家にしたい」と依頼を受け、片づけサポートで何度かお宅に伺いました。その後、膝を悪くされ杖の生活になった期間があったのですが、片づいた空間は床にものがないので安全で、さらに食器も収納の工夫で膝を曲げずに取り出すことができたのです。

Hさんとの片づけの記録は、「片づけ大賞2019」プロ部門でファイナリストに選ばれ、二人で一緒にステージで発表し、大きな思い出となりました。「今が一番幸せ」と言うHさんは、シニア世代の素敵なお手本です。

《体験談アラカルト》

人生を変えるきっかけになりました（女性・40代・主婦）

「完璧じゃなくていい」という言葉が私に一番染みます。
片づけられない自分を変えたい！　と受講しました。
まだ片づけ始めたばかりですが、明らかに自分が変わったのがわかります。
家も自分もすっきりさせ、前向きに生きていきます。
人生を変えるきっかけになりました。

夫と今後の生活について話すきっかけに（女性・50代・パート）

子どもが大学生、社会人になるのをきっかけに片づけようと受講しました。
不要なものが多くて驚くと同時に、どんどん処分できました。
子どもが巣立つ前のタイミングで片づけたおかげで、夫と今後の生活についいて話すきっかけとなりました。

いつか来る実家や義実家の片づけも、この経験が活きると思っており、先の不安も解消させていただきました。

家族皆が心地いい家になってきました（女性・40代・会社員）

先生の教えの、ハードルを下げて片づけをしていたところ、家族も片づけてくれるようになりました。

今までのやり方は、難しかったのだと反省しました。

家族皆が心地いい家になってきてます。

40代で念願の大学に入学しました（女性・40代・パート）

受講中、先生のハッピーオーラをいつも受け取っていました。

さらに学びを深めたくて、整理収納アドバイザーの資格を取りました。

片づいた家にいると、自分が何をしたいのかはっきりしてきて、子どもも大きくなったのを機に、40代で大学に入学しました。
仕事と勉強と家事と大変ですが、充実した毎日を送っています。

部屋が整ったら頭の中も整理されました（女性・50代・パート）

物事がうまくいかず、そんな状況を変えたく受講しました。
ひとつ片づくと、どんどん片づき、部屋が整ったら、頭の中も整理されました。
「よし！ これから頑張ろう」と新しい風が家にも心にも入ってきました。

片づけって楽しい！ この感動を伝えたくてプロの世界へ（女性・50代・整理収納アドバイザー）

保育士を長年続けて、仕事と子育てで多忙の日々。
洗濯物は山になり、ものはたまる一方。
退職後、興味のあった片づけの講座を思い切って受講。
家がすっきりしたら行動力もつき、感動を伝えたく片づけのプロになりました。

今、保育士の経験を活かして子育てママに寄り添い、片づけを伝えています。

「今の自分の生き方が好き」

そう思えるのは、片づけとの出会いのおかげです！

生き方や人間関係もよくなりました（女性・60代・会社員）

収納にばかり目が行き、片づけても気分が晴れませんでしたが、不要なものを手放すことで快適になりました。

生き方や人間関係もよくなった気がします。

家庭を持った息子の荷物が家にまだありましたが、ＬＩＮＥでやり取りして、幼少時のおもちゃは処分したり、状態のいいものは洗ってきれいにし、孫が遊んでくれてます。

夫婦仲がよくなりました！（女性・40代・主婦）

せっかく片づけても家族が気づいてくれず、やる気をなくす日々。

先生から「自分に集中して楽しく片づけましょう」と教えてもらってから、片づいた引き出しを何度も開けて、ひとりで喜んでいます。

片づけが楽しいと感じたのは初めてです。

夫にイライラしなくなり、夫婦仲がよくなりました。

それに、夫も最近片づけてくれるようになって驚いてます。

コラム⑤ 「話すこと」「片づけ」どちらも少しずつ上達します

私は、長年フリーアナウンサーとして仕事をしてきましたが、もともとおしゃべりが得意だったわけではなかったのです。

「自分を表現してみたい」そんな思いがきっかけで、テレビ局のキャンペーンガールに応募し１年間務めました。そこはまったくの素人。ほぼ「おしゃべり」ができない状態ながら、アシスタントの仕事が主だったこともあり、フォローしていただき、無事に任期を終えました。

その後、フリーアナウンサーとして活動することを決め、事務所にも入らず、宮城、山形、福島の放送局に一人で営業に行ったのです。

自分が出演した１分ほどの動画を、ＶＨＳテープでダビングし、つなぎ合わせた自作の宣伝材料を持って。今思えばかなり無謀なことです。

どの放送局でも、単身で営業に来た、誰だかわからない私と会ってくださり、ありがたいことにいくつかの放送局で、リポーターの仕事をいただくことができました。

テレビに出始めたころ、高校のときの国語の先生に会う機会があり、先生はとても驚いた表情で、「『あの～、えっと～』っていつも言ってた静子が！」とおっしゃったほど、人前でのおしゃべりは苦手なほうだったのです。

仕事が決まったのはいいけど、リポートもできない、ラジオでもうまくしゃべれない……「向いてないんじゃない？」と言われ、よく怒られていました。

それでも経験を積むことで、少しずつできるようになってきたのです。

仕事を始めて3年くらいのとき、以前からお世話になっていた方が、「すぐ辞めると思っていたのに続けているんだね」とほめてくださったのですが、まさか30年以上続けるとは、私も含め誰も思っていなかったことでしょう。

片づけに関しても、苦手だった私が少しずつ片づける経験を積み、それが習慣となり、今や片づけのプロになりました。

なんでもいっぺんにはうまくいかない。少しずつやり続けることが大事です。
苦手だった「話すこと」「片づけ」、まさに共通点があると感じています。

あとがき

いま、出張中の東京のホテルであとがきを書いています。

これまで地元仙台とオンラインで活動していましたが、一昨年から、ありがたいことに講座で週末、出張が多くなりました。

帰宅していつも思うのは、

「家はすっきりして落ち着く！」

ということです。

以前は散らかった部屋に帰宅すると、現実に戻されうんざりしていましたから、私が不在の間も、すっきりした部屋をキープしてくれている夫の協力があってこそ。

結婚してから27年間、いつも私のことを理解し、応援してくれている夫に感謝しています。

以前片づけが苦手だった娘は、大学生になり親元を離れ、寮に住み片づけも上手になり、すっきりした部屋で暮らしています。「お気に入りの服だけ着たい」という娘が持っている洋服は、シーズンごとに5パターンくらいで、推しのグッズはやや多めで飾って楽しんでいます。

娘とはよく仕事の話をしていて、YouTubeの動画編集を手伝ってくれるなど私の仕事のよき理解者となっていて、とても助かっています。

私が本を書いていることや、YouTubeをやっていることは、友人との話のネタにしやすいらしく、娘はいろいろなところで私のことを話してくれているようで、そのことをとても嬉しく思う母です。

いままで3冊本を出しましたが、本が出来上がるごとに、夫、娘、私の母と夫の母がとても喜んでくれています。そんな家族に、いつも応援してくれてありがとうと伝えたいです。

よく、いろいろな方から、「いつも穏やかですよね」と言われますが、穏やかでいられるようになったのも、片づけは完璧でなくてもいいことに気づいたからだと思います。

それまでは、なんでも完璧にしないといけないと思うところがあり、それでいて片づけに関しても、できないことにイライラして、心の余裕がなかったように思います。

しかし、片づけられるようになるとなにごとにも、「だいたいうまくいけばいい」と思えるようになり、完璧主義を手放せたことで、気持ちがラクになり穏やかでいられるようになりました。

自分の心が穏やかでハッピーなら家族にも優しくなれますし、誰にでも優しくなれるようになりました。

これからは、この本に書かれているスモールフィット片づけで、やさしい世の中をつくっていけたらいいなと思います。

今回、この本を出版するきっかけとして、ありがたいご縁をいただきました。

私はベストセラー作家の本田健さんから学びをいただくとともに、コミュニティーの仲間ができました。

以前は、パーティーなどにはまったく出たことがなかった私ですが、コミュニティーでご一緒している、暗黙知の研究者で、２０２３年度の全能連マネジメント・アワード【コンサルタント・オブ・ザ・イヤー】を受賞された田原祐子さんの出版パーティーで、田原さんの書籍を編集された遠藤励起さんと出会いました。遠藤さんは、本田健さんの初めてのご著書を手がけられた方です。

後日、改めてご挨拶のお手紙をお送りすると、遠藤さんから、「一緒に本をつくってみましょう」とお声がけがありました。このとき前の本が出てからあまり月日が経っていなかったので、新しい本のことは考えていなかったのですが、この素晴らしいご縁を逃してはいけないと思い、すぐにありがたくお引き受けしました。それから時間をかけてとても丁寧に本をつくってくださり、遠藤さんの本づくりの姿勢には心から感謝を申し上げます。

この本をつくるきっかけをつくってくださったいつも愛ある教えをいただいている本田健さん、コミュニティーでご一緒している田原祐子さん、そして、学びをともにしている仲間の存在もこの本をつくるために大きかったです。ありがとうございました。

この本では、片づけの体験談を多くの方にお伝えしたいと思い、私の片づけ講座の参加者さんにご自身の体験談の本への掲載をお願いしたところ、みなさん快くお受けくださりました。ありがとうございました。

受講後、苦しみながら片づけをする方は誰もいらっしゃらなくなり、みなさん楽しく、前向きに片づけくださっていることがとても嬉しいです。みなさんの体験談は私の宝ものです。

そして、私が片づけのアドバイスができるようになったのは、私の片づけ講座に参加していただき、片づけのお悩みをお話ししてくださったからです。

この本ができたのも、これまで私の片づけ講座を受けていただいたお一人お一人のお陰です。ありがとうございました。

私は子どものころから成績も運動もパッとせず、大人になってからはバイタリティーだけでやってきたような感じで、自分に自信はありませんでした。

もともと、片づけが苦手だったことは、この本の中でお話ししたとおりです。

また、今はフリーアナウンサーとして活動をさせていただいてますが、以前は人前で話すことは苦手でした。

さらに、本をこれまで3冊出していますが、じつは小さいころから本を読むのも、作文も苦手でした。

そんな私が片づけることを「楽しい」と感じたことがきっかけで本を書くことに挑戦し、読者の方に語りかけるように楽しく書けるようになったのです。

また、片づけができるようになって、少しずつ自分にも自信がついてきました。

だから、今、何かに苦手意識がある方でも、何かのきっかけで苦手が大好きに変わることがあることを忘れないでほしいのです。

この本が、そのきっかけになれば嬉しいです。

「片づけたくなった！」

あなたがそう思ってくださったなら、楽しく片づけて人生がきらめく日はもうすぐです。

阿部静子

装　　丁　　　　森デザイン室
本文レイアウト　森デザイン室
イラスト　　　　寺おか久美子.
企画編集協力　　遠藤励起

著者プロフィール

阿部静子（あべ・しずこ）

整理収納アドバイザー、フリーアナウンサー

宮城県仙台市出身・在住。観光関係の専門学校を卒業後、ホテル、旅行会社、航空会社に勤務。25 歳のとき、東北放送の 92 年 TBC フローラルを経て、フリーアナウンサーに。ミヤギテレビ「ＯＨ！バンデス」初代リポーターとして、結婚、出産を経験しながら 16 年間務めた。その後母校の高校放送部のコーチ、高校講師として「話し方・伝え方」の指導も行う。

49 歳の時、体調不良で休養したとき、整理収納アドバイザーの資格を取得。もともと片づけが苦手でストレスに感じていたので、同じような人に伝えてハッピーを届けたいと、講座や講演会を中心に活動を開始する。

「すぐ片づけたくなる」「ラクにできる」「ハッピーになれる」片づけメソッドは講座で大人気。年間講座数は 120 回、7000 名以上の方に指導を行う。整理収納アドバイザー２級認定講師として、2019 年度から５度の優秀講師として表彰される。整理収納コンペティション 2019 プロ部門ファイナリスト、片づけ大賞 2019 プロ部門ファイナリスト。

著書に『ハンカチは５枚あればいい』（すばる舎）、『だから、50 歳から片づけるー「思い出のもの」は捨てなくていい』（CCC メディアハウス）、『自分を好きになる片づけの法則』（ぱる出版）がある。

阿部静子ブログ「部屋にも自分にも自信が持てる！整理・収納術」
https://ameblo.jp/shizuko-happylife/
阿部静子オフィシャルウェブサイト
https://shizuko.mystrikingly.com/
婦人公論 .jp 連載「整理収納アドバイザー阿部静子の 50 代からの片付け術」
https://fujinkoron.jp/　※サイト内「阿部静子」で検索
阿部静子メルマガ「お片づけ de ハッピーライフ」
https://www.reservestock.jp/subscribe/287639
阿部静子 YouTube「人生がきらめく スモールフィット片づけ」
https://www.youtube.com/channel/UCgbVdfIMWX9NZLEFRu4UQ0g

人生《じんせい》がきらめく スモールフィット片《かた》づけ
～ペン1本《ぽん》から始《はじ》める部屋《へや》と心《こころ》が整《ととの》う習慣《しゅうかん》～

2025年4月29日　第1刷発行

著　者　阿部静子《あべしずこ》
発行者　林　定昭
発行所　アルソス株式会社
〒203-0013
東京都東久留米市新川町2-8-16
電話　042-420-5812（代表）
https://alsos.co.jp
印刷所　中央精版印刷株式会社

©Shizuko Abe 2025, Printed in Japan
ISBN 978-4-910512-26-6 C0077

◆造本には十分注意しておりますが、万一、落丁・乱丁の場合は、送料当社負担でお取替えします。購入された書店名を明記の上、小社宛お送りください。但し、古書店で購入したものについてはお取替えできません。
◆本書のコピー、スキャン、デジタル化等の無断複製は、著作権法上での例外を除き、禁じられています。本書を代行業者等の第三者に依頼してスキャンしたりデジタル化することは、いかなる場合も著作権法違反となります。